目　录

自　序

此套书已出版八册，曾写过两序。事隔几年重读旧序，仍觉得话说得份量已足，再说都是赘言。新瓶旧酒，越久越醇；赏的是瓶，品的是酒。对于读者，饮之通泰为上上；对于作者，观之欢愉则为中上，均为人生之快事也。

人生快事自古多样。明末清初有个文学批评家叫金圣叹，名字是他自己改的，听着古怪，含义很深。他对《水浒传》、《西厢记》、《左传》都有过批评，尤其对《水浒传》和《西厢记》的评点详尽且细致入微，眼光独特犀利，同时代乃至后时代的学者都给予了极高的评价，连顺治皇帝都说“此是古文高手，莫以时文眼看他”。但金圣叹命运不济，因冤问斩，刑前畅饮，边酌边说：“割头，痛事也；饮酒，快事也；割头而先饮酒，痛快痛快！”

由此可见痛快之事因人认知而不同。写作为先，饮酒为后，《醉文明》丛书基于此才有“醉”字。我们的文化源远流长，沉淀厚重，享受容易解释难。几千年来，国人在此文化的滋润下，享受其果，忽略其因，而我们仅是解释其因、养护其果而已。因果之间相生相灭，亦可以看成因果互为，所以佛教说：无为无因果。

这书不是写出来的，是说出来的，故自由随意。说出来的书比写出来的书多一分自由，少一分拘谨。想想四大名著，前三部《三国演义》、《西游记》、《水浒传》都是说出来再落成文字的。三部巨著流传甚广，缘于初始的自由，提炼的随意。自由与随意就成了书籍的某一种状态，于是就有了这部《醉文明》。

看书、读书、说书、著书乃古之四事，此四事于观者介于看读之间，于作者介于说著之间，其中差距微妙，感受奇特。看书之看为阅，读书之读为学；说书之说为泄，著书之著为垒；阅、学、泄、垒乃四种与书相关之状态，勾连你我，组成了这个纷杂的世界。

唯一值得赞叹的是，我们所处的世界积累了先人的文化遗存，我们仅是继承者，坐享其成，无法言谢。

是为序。

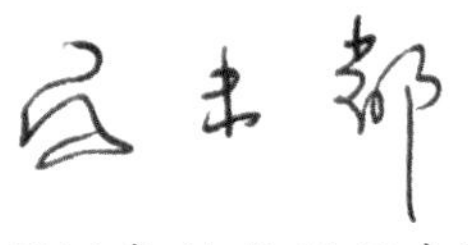

2016 年 11 月 19 日凌晨

静穆尊贵话紫檀

中国古典家具有一种古朴之美。随着人们生活水平的提高，人们对于古典家具的喜爱也在不断升温。中国古典家具用材优良，人们比较熟知的有紫檀、黄花梨、红木和楠木等，这些名贵材料今天在全国各地的市场上都可以看到。

紫檀是中国古典家具中最优良的材质，在漫长的历史时期都是宫廷御用，民间非常少见，高贵、稀缺、天价是它的代名词。紫檀是一种很重的木材，而在中国人的材质观中，越重就越值钱。所以，中国人普遍热爱紫檀、黄花梨、红木等硬木做的家具。

清乾隆　紫檀西番莲纹扶手椅
高 108 厘米　观复博物馆藏

上页是一件清代乾隆时期宫廷所造的紫檀扶手椅，它受西方装饰风格的影响很大，整体是曲线的。这种装饰风格跟欧洲文艺复兴时期的洛可可风格非常相像，尤其是搭板部分，与西方的椅子在细节上是一致的，整体的框架结构保留了中国家具的基本风格，只在局部做了一些改动。

中国传统椅子的靠背板和扶手都是笔直的（如下图），而它的靠背板和扶手是曲线的，扶手中间还有一个落差，使椅子显得非常优美。要呈现大量的曲线和落差，需要的木材就很大，在用材上也要特别讲究。这件家具并不是很重，但用材却很大，显示了当时国家的强盛与宫廷的奢华。

明代　铁力木四出头官帽椅
高 116 厘米　王世襄旧藏

下图是一个紫檀雕龙凤纹的小箱，它的内部有一个屉（托盘），用于盛装细软，屉下的部分可用来收藏宝物。

紫檀树生长缓慢，比较致密，一般情况下长不成太大的料。这件紫檀小箱在使用材料时，也不舍得使用大料，都是用小块拼接，总共用了 5 块小料，采用斜缝拼接的方式，没有进行取直，这是为了物尽其用，因为材料非常昂贵。

这件紫檀小箱用材比较厚，拿起来非常沉，壁厚超过一厘米。箱子的盖面是高浮雕的，有清晰的龙纹；正面雕刻着两个对应的凤纹；背面与正面相同，非常讲究；两侧对称雕刻凤纹。雕刻的手法是深浮雕，通常紫檀器物为了节省木料会使用浅浮雕，以免浪费，减少分量。

这件紫檀小箱是清代乾隆年间的，满雕的精致工艺，再加上厚重的板材，足见其价值不菲。

清代　紫檀浮雕龙凤纹箱
长 41.5 厘米　观复博物馆藏

1. 紫檀的比重是多少？

马未都评：紫檀是一种很重的木材，通过科学测试，它的比重为 1.05~1.1，比水重，所以它入水即沉。黄花梨的比重大于等于 1，在水中经常呈半浮状态。红酸枝（老红木）的比重大于 1，也是入水即沉。楠木和松木很轻，比重大约是 0.6 或 0.5，能够漂在水面上。

很多木材一上手会感到非常重。很多新品种的木材，从世界其他地方运到中国，密度也有大于紫檀的，能达到 1.2 左右，打磨以后可以变得非常光洁。比重越大的木头，越容易打磨得光洁。市面上有很多超重的木头，有的还被拿来冒充紫檀，有时候也会用染色技术，让它尽可能接近紫檀的色泽。

中国人从古至今都认为重的东西是好东西，越重的东西越值钱，比如黄金就是好东西，这是中国人的财产观，这种观念已有上千年之久。此外，中国人对有光泽的东西也感兴趣，比如闪着迷人光泽的绫罗绸缎。而现代人的生活越来越低调，更倾向于在东西表面涂一层亚光。

2. 紫檀会不会掉色？

马未都评：紫檀本身是会掉色的。我们日常生活中使用的紫檀不掉色，是因为表面上过一层薄薄的漆膜。在古代，大部分家具是不用漆的，只使用蜡。古代人买家具后，通常会进行整修，就是在家具表面刮一遍蜡，使家具光亮如新，称为“整旧如新”。但是后来随着时间流逝，表层的蜡越来越薄，直至最终消失，就会给使用者的衣服染上色。

紫檀木有个特性，它是可以溶于酒精的，将紫檀屑撒入酒精中，就会有翻云吐雾的效果。用小刀在家具背面取得碎片，放在酒精或白酒中，就可以辨识其材质是否为紫檀。但也有人利用紫檀的这一特性，在其他材质的家具，比如红木床底部贴一块紫檀，将家具伪装为紫檀的，以欺骗他人，这是古时家具商人惯用的伎俩。

现代紫檀有大叶紫檀、小叶紫檀之分。在古时候，给紫檀命名凭借的都是感观，有牛毛紫檀、鸡血紫檀、牛血紫檀、豆瓣紫檀等。

豆瓣紫檀

牛毛紫檀

牛血紫檀

清早期　紫檀雕螭龙纹大画桌
长 182 厘米　观复博物馆藏

3. 夹头榫是什么？

马未都评：中国人在制作家具的时候，尽可能不使用钉子，而多使用榫卯结构。榫是指两个构件通过凹凸方式相接处凸出来的那部分，卯是凿出来或挖出来的孔洞，是凹的那部分，这样榫卯就能严丝合缝，结合成一个整体。

夹头榫是中国古典家具案形结构中最基本的造型，下图是最简单的一款，俗称“万年牢”。它只需要三个结构，首先需要一个腿（中间打一个槽），然后把牙板插入槽内，上面再扣上木条（承接桌面），三块结构结合起来便不会左右晃动，使它能够“万年牢”。从侧面可以看出，牙板的中间略薄，形成一个浅槽，与腿部的突出部分吻合，这样牙板与腿部的两边都被固定住了，因此非常结实，只要不拆开上面的部分，它的腿部便永远不会坏。这就是一个简单的榫卯结构。

夹头榫

中国古典家具十分耐用，有的从明代流传至今，四五百年的时间，还保存完整，就是因为它结构巧妙，不易损毁。

夹头榫如果是“一木连做”（牙板是一整块木头）的，一般年代偏早；如果是两木分做，年代相对就偏近；如果牙板是单上的，年代就更近。这是一个逐步简化的过程，也是一个降低成本的过程。

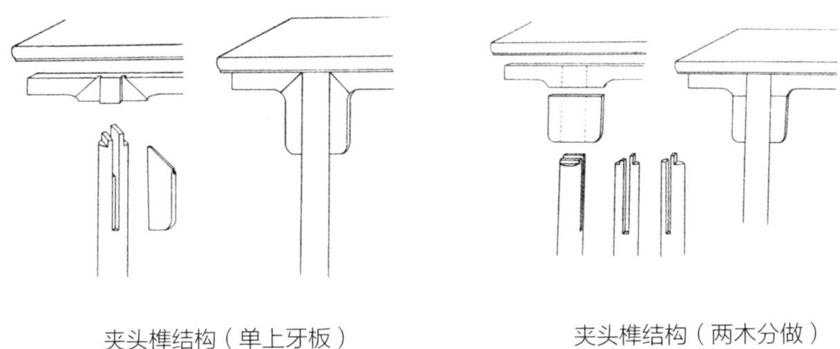

夹头榫结构（单上牙板）　　夹头榫结构（两木分做）

古玩门诊

古玩一

清乾隆　沉香木长治久安如意

这是一个沉香木如意。在清代，如意的造型变得非常完美，而乾隆年间宫廷制作的如意所使用的材质也很广泛，有玉器的、瓷器的、景泰蓝的、竹璜的、紫檀的等，我们常见的材料基本上都做过如意。

用沉香木做如意是很奢华的，因为沉香木通常不完美，大都有蛀空和歪曲的现象，很难得到完整的木材。若将沉香木做成一个如意，就要浪费很多材料。中国古代的沉香木如意，大部分都有拼接的地方，因为材料非常难得。这件沉香木如意上雕刻了很多花纹，就是为了掩盖拼接的地方。用沉香木制作的如意还带有淡淡的药香，这种香是一种可以慢慢体会的天然幽香。

这件如意雕刻了9只鹌鹑，寓意长治久安、安居乐业。其上又有绶带鸟和牡丹花，寓意长寿、富贵、吉祥。它的雕工很丰满，在如意瓦子的部分雕刻得很深，鸟的羽毛和花瓣的表现也非常细致，整体反映了清代乾隆时期繁华的社会景象。

古玩二

清中期　皇袍团龙绣红木托盘

这是一件龙袍的后背部分，画有一条龙。历史上有很多龙袍都因为使用和保存不当而烂掉了，其局部则被西方人所利用，制作了一些艺术品。这块龙袍就被做成了一个托盘，有两个把手，木框是后来制作的，使用了一块完整的木头，这是西洋的风格，而在中国制作圆形的器具一般是拼接的。

这件龙袍的年份大概是清代中期，绣工非常精美，使用的技法也很多，龙身是平金绣，海水江崖纹绣得非常细致，所有的线都缠上金丝。这是十二章纹中的一个章纹，属于皇帝才能使用的等级。托盘背面的绿绒也是西方人常用的，也装了很长时间，距今有上百年时间。从这件藏品上，我们可以看出西方人对中国文化的崇拜。

文人之美黄花梨

黄花梨有“木中黄金”之称，足以体现它在当代人心目中的位置。明朝后期，隆庆开关以后，黄花梨开始被中国人认识和欣赏。到了万历年间，黄花梨则作为家具的优良用材登上历史舞台。

中国大部分的黄花梨产自海南，此外，广西地区也出产一种越南黄花梨。越南史称安南，是中国古时的藩国之一，与海南属于同一纬度，气候相近，树种几乎一致。海南地区的台风多于越南，生长的树木较小，

明晚期　黄花梨方角小柜
高 46 厘米　观复博物馆藏

纹理显得更花一些。越南黄花梨生长在内陆，气候条件优于海南黄花梨，长得很快，木材很粗，纹理更加通达。

现在，很多人都对黄花梨津津乐道。由于中国人酷爱名贵木材，所以全世界的名贵木材都被收集到了中国，这是对世界资源的破坏。有人已经意识到了这一点，目前在海南岛大面积地栽种黄花梨树苗，希望它们能成长 100 年甚至 500 年，来福荫后人。今天我们能够感受黄花梨的文化，也是因为受了前人的福荫。

上页是一个黄花梨的小柜，上面有一把锁，上刻“千和万合”。小柜子有五个抽屉，一大四小，是满彻黄花梨。所谓“满彻”，是指里外前后全部都是用的一种材质。

这件小柜很有名，在王世襄先生的皇皇巨著《明式家具珍赏》中有著录。从材质上看，它的侧板非常干净，纹理通达，有一整块背板，用料非常讲究，内部结构也很复杂，这些都是古人聪明才智的体现。

下图是一张明朝末年的黄花梨酒桌。酒桌的尺寸比较小，但比较宽，

明晚期　黄花梨刀子板小平头案
长 92 厘米　观复博物馆藏

在古代是文人自用的，可以用来独酌，也可用来看书。酒桌采用了古老的夹头榫形式，取平头案的案形，并且是由一块木头整挖出来的，这种做法在后来就见不到了。酒桌的中心采用的是楠木中的瘿木，将楠木绞丝状的纹理表现了出来，有部分开裂。

黄花梨的颜色非常柔和，在现今的多彩生活中，这种暖色调给人的感受不够强烈。但是在明代，房间内采光条件不如现在好，看到这样一种温润的、偏黄色的家具，人的内心会多一分感受，这种感受对于每个人来说都是不同的，很难用语言来表达。

阴天的时候，黄花梨的木料会散发出很浓郁的香味，这张酒桌从制作出来到现在有 400 年以上的历史了，它的气味一直在挥发，味道越来越淡。其实每一种木头都有气味，而黄花梨的味道沁人心脾，可以安神。

中国人历来对颜色深的器物比较感兴趣，因此很喜欢紫檀和红木。黄花梨曾经在相当长一段时间里备受冷落，古人并不喜欢它。直到民国以后，欧美人开始关注它，认为这是中国文人创造的辉煌文化。他们大量地搜集黄花梨，我们才对黄花梨有了新的认识。当时有很多黄花梨家具被染成黑色，当作紫檀卖给外国人，因为当时黄花梨和紫檀的价格差距很大。欧美人认为，黄花梨家具的美不是宫廷所能欣赏的，它是文人化的用具，有一种超脱之美。当这种观念传入中国以后，我们才知道，中国人创造的家具文化是非常丰富的。

1. 黄花梨能治病吗?

马未都评：古代文献中关于家具的用材有很多记载，李时珍所著的《本草纲目》中就有关于黄花梨治病的记载。

《本草纲目》是明代非常重要的文献，所记载的药材浩如烟海，汇总了中国历朝历代关于中药的认识。《本草纲目》中记载的“降真香”，指的就是黄花梨，辛温、无毒，药性温和，可以止泻、定痛、消肿生肌。

民间传说黄花梨能够降血压、催情、抗沮丧、抗菌、利脑、除臭、补身，这些功效有待进一步考察，也有被商人夸大的可能。

2. 黄花梨的直径有超过一米的吗?

马未都评：黄花梨树木比紫檀粗大，直径超过一米不成问题。树的直径通常是指它的胸径，即乔木主干离地面大概 1.3 米处的直径。黄花梨树也有成长期，过了成长的巅峰状态后就不再生长，剩下的时间就是维持生命。黄花梨树大约能长 100 年，后面几百年都是延续生命。

欣赏黄花梨家具时，人们更注重对纹路的欣赏。黄花梨的纹理有两种：一种是人们俗称的“鬼脸”，也叫“狸斑”；另一种俗称“宝塔纹”。

明晚期　乌木嵌黄花梨面芯半桌
长 97 厘米　观复博物馆藏

鬼脸

宝塔纹

这是一张乌木的黄花梨条桌，中心板是黄花梨的。它左下角的纹理，是如同狸猫一样的斑纹，形态像鬼的脸一样，这就是“鬼脸”。鬼脸是树杈之间所形成的疖子，一般粗壮的树干伸出一枝，在交叉部位肯定有一个“鬼脸”。树木越粗，鬼脸就越少，树木越小，鬼脸相对就越多。

黄花梨通达的纹样都是行云流水的，纹理非常通畅，像宝塔一样延伸上去，俗称“宝塔纹”。

柏木也有很多疖纹，只是疖纹太多了，中国人不太喜欢，反倒是欧洲人比较欣赏，他们觉得没有疖子不够美。在 20 世纪七八十年代的北京旧货市场，一些北欧人专门购买带有疖子的家具。由此可见东西方审美理念的不同，所以我们应该有宽容的审美观。

清代　柏木太平有象笔筒
高 18 厘米

3. 什么是插肩榫？

马未都评：在家具的案类结构中，插肩榫出现的频率仅次于夹头榫。

插肩榫俗名叫“宝剑腿”，腿的位置像宝剑的上方，是尖的，下部像宝剑的柄。插肩榫也是一种“万年牢”的结构，如果不刻意把它拆散，牙板是永远出不来的。牙板中间的缝很小，而左右两边比较厚，卡住以后就不能动弹。

插肩榫虽然外观与夹头榫不同，但结构实质是相似的，也是足腿顶端出榫，与案面底的卯眼相对拢，上部也开口，嵌夹牙条。只是足腿上端外部削出斜肩，牙条和足腿相交处剔出槽口，使牙条与足腿拍合时，将腿足的斜肩嵌夹，形成表面的平齐。

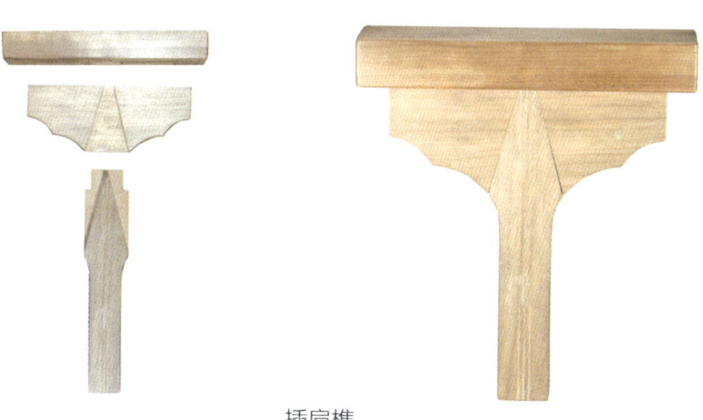

插肩榫

古玩门诊

古玩一

清初　黄花梨拜匣

这是一个清初的黄花梨拜匣，上有鬼脸疖纹，原本四角都有铜饰，都是老铜活，目前缺了两个，包角也掉了，但制作工艺精美华丽，体现了原本的奢华之气。

在古代，拜匣类似于特快专递，有钱人家互相宴请的时候，可以将请帖装在拜匣里面，送到对方家里，由对方主人取走请帖。

拜匣通常使用优质木材，比如紫檀、黄花梨等。这件黄花梨拜匣的颜色很深，有两个原因：其一，黄花梨的颜色本身有深有浅，这一件属于比较深的；其二，颜色深浅与使用环境也有关系，使用得不精心，颜色就会变深，甚至变脏。这件拜匣如果经过修复，会变得很漂亮。

古玩二

下页上图是一个晚清时期的攒盘，也称九子盘，是餐具的一种，在富贵人家中很常见。“九子盘”顾名思义，一共是九个盘子，中间一个是方的，周围有四个小三角，外围有四个大三角。这种比较高级的餐具，通常放置在一个玻璃盒中，当时玻璃是很珍贵的，这个盒盖上的玻璃就是当时的老物件。

清晚期　粉彩攒盘

这些瓷器上有字有画，这是晚清最流行的风格，始自清雍正时期。每个攒盘上都有字，比如“一枝春逢”、“春占四时”、“动人春色”，都跟春天有关。因此这种盒也叫春盒，通常用来放干果，诸如瓜子、花生、杏仁等，客人来的时候端出来让人品尝。

古玩三

明晚期　黄花梨镜支

上页下图是一个黄花梨镜支，但它与普通的镜支有点儿不同，构造十分有趣，要将外壳翻过来，再支起来才能使用。

这件黄花梨镜支的质感非常好，做工饱满，表面微微隆起。它长方形的构造是为了一物两用，既可以用来化妆，又可以放在书房的案头，作临帖等之用。它的下方曲线非常漂亮，虎爪很有力，由此可以看出，这是明代晚期的作品。

这个镜支属于小型家具，内部也做得非常完美，皮壳也很好，漂亮而没缺憾，十全十美，由此可见中国古代工艺的水准之高。

形艺俱佳话红木

现代人购买家具时，如果注重家具的品质、增值、美观等方面，通常首选红木家具。红木不是特定的树种，它的定义有狭义和广义之分。从狭义上讲，清代人认为，红木单指老红木，是今天所说的一种豆科植物。老红木家具自清代中期以后非常流行。广义上的红木，是指现今“红木国家标准”范围内的红木。当年定名的时候存在争议，有专家认为最好定名为“硬木家具”，也有专家认为定名为约定俗成的“红木家具”为好，而且当时很多专家也分不清紫檀、黄花梨，因此将色泽比较重的木头统称为红木。尽管国家制定的红木标准还存在一些问题，但毕竟有了一个良好的开端，对于木材判定以及应用是有好处的。

红木作为上乘的家具选材之一，它制作的不仅仅是一件件家具，更是一个时代的文化体现。全世界只有中国和越南用如此硬的木头做家具，其中越南当然也是受中国的影响，在清代时他们也制作了一些红木家具，但没有制作过紫檀、黄花梨家具。

下页上图是一个清代的红木节盒，虽然并不珍贵，但很有特点。它的正面画了漆画，这比较少见。通常红木制品都会体现木质特有的光泽和纹理，中国人之所以十分喜欢硬木家具，就是因为它的质感。在古代的漆器家具中，很少用硬木衬底，因为在硬木上面上漆是不容易的，而硬木遇湿、遇干、遇冷、遇热后就会抽胀，使漆裂开。所以红木制品，包括紫檀、黄花梨的器皿，很少有带漆画的。

这个红木节盒，很可能是原主人有特殊要求，所以在红木的素面上画了一幅画。画面下部有四只鹌鹑，上面是“玉堂富贵”图案，表明生

清代　红木彩绘花鸟纹节盒
长 33 厘米　观复博物馆藏

活安定富裕，这是一种比较世俗的绘画。这种节盒在一二百年前的中国富贵人家经常可以看到，但难看到的是带有漆画的，这是一个极为特殊的例子。所以，木材之类的表达除了质感以外，还可以增加其他内容，比如进行绘制，这体现了我们民族的创造力。

下图是一个红木幼儿椅，它似乎与中国文化离得很远，更有西方文

清中期　红木幼儿椅
高 89 厘米　观复博物馆藏

化风格。这张幼儿椅有很多特别的地方，它的脚踏是活的，孩子坐上去可以把脚踏拉出来，脚踏已经被踩得很圆润了，可见这个椅子使用了很长的年头。

椅子前有一个拦住孩子的枨，枨是活的，可以取下来，让孩子坐上去以后，再把它插上、锁住，孩子就掉不下来了。

很多人认为这种照顾孩子的椅子是西方人发明的，在中国古代似乎很少看到，但这张椅子的上半部准确地告诉人们，这是中国人的发明。椅子的上方是个圈椅的形制，做得非常讲究，很少见。它的制作年代大概是 200 年前，也就是清代乾隆时期。在那个时候，中国人已经有这种意识了，要给一个婴孩留一点儿自己的空间。

我们是一个尊老爱幼的民族。但现今，我们尊老不如原来，爱幼超过过去，甚至是溺爱。希望我们民族能够坚守自身的文化信仰，不管是对待老人还是对待孩子，都应该有度，这个度不是我们今天制定的，而是 2 000 多年来，我们的先贤制定的一套完整有效的社会标准。

1.“红木国家标准”中收录的红木有多少种？

马未都评：红木的国家标准，是2000年制定的《中华人民共和国红木标准》，即《红木（国标）》。

植物和动物的分类都是非常科学的，木材的鉴定非常困难，分类越细差距就越小，可提供的标本就越多。该标准规定了“5属8类33种”红木材质：

2科：豆科和柿树科

5属：紫檀属、黄檀属、柿属、崖豆属和铁刀木属

8类：紫檀木类、花梨木类、香枝木类、黑酸枝木类、红酸枝木类、乌木类、条纹乌木类和鸡翅木类

一些世界知名学者认为，要鉴定一个树种，只拿一块木头是不行的，必须要提供树皮、树叶、树冠，分析它的形状、种子等要素，结合木材本身，才能够鉴定出来这是一棵什么树。鉴定木材的另一种方法是仅凭木材本身来鉴定，但木材至少要锯三次，看横切面、直切面和斜切面，通过三个方向的切割，才能判定它是什么木料。

科学上的鉴定跟社会学上的鉴定有很大差距，科学非常严谨，社会学凭感觉。古人可以看一眼就断定这是紫檀、那是黄花梨，这是红木、那是鸡翅木。今天由于现代化的砍伐，

以及信息的丰富和运输的便捷，全世界各地的木材都云集中国，确实很难分辨它们。

2. 狭义的红木在古代为什么被称为“酸枝”？

马未都评：狭义的红木就是喜欢收藏的人或经营老家具的人所说的红木，和紫檀、黄花梨并称。

红木属于豆科，豆科植物普遍会泛酸。因此木材在解料的时候，气味酸得超出想象。过去北方人都用眼睛定名，一看木材的特点，就称之为紫檀、红木、黄花梨；南方人用鼻子定名，比如广东人一闻——这是酸枝。“枝”指代木头，酸枝就是说木头是酸的。

据清代人江藩所著的《舟车闻见录》记载：“紫榆来自海舶，似紫檀，无蟹爪纹，刳之其臭如醋，故一名‘酸枝’。”“紫榆”就是红木，意思是说红木是从国外运过来的，有点儿像紫檀；“蟹爪纹”就是我们俗称的“牛毛纹”；“刳之其臭如醋”，是说这种木头味道很酸，故名“酸枝”。

酸枝还被以讹传讹写成“孙枝”，这是南方人口音的问题。所以在古代文献当中，经常可以看到“孙枝”这个词，也就是“酸枝”，即红木。

红木是作为替代品，在清代中期登场的，它的优点是颜色既不像紫檀那么黑，也不像黄花梨那么暖，介于紫檀和黄花梨之间，因此很多人喜欢它。

红木的缺点是它的木性强，不如紫檀、黄花梨稳定。明代和清初的紫檀、黄花梨家具到今天都不会变形，但红木家具有的会变形，有的会开裂。因此，从内在的表现上讲，红木不如紫檀、黄花梨，不过从外在的表现上看，它不输于紫檀和黄花梨。

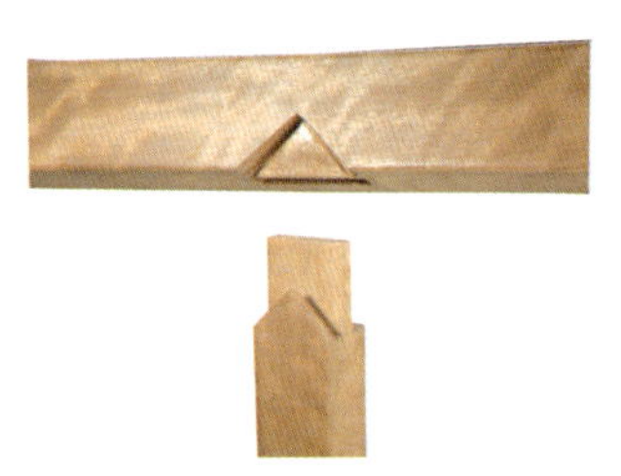

格肩榫

3. 何为“格肩榫”？

马未都评：格肩榫是木质结构中最简单的，比夹头榫和插肩榫还要容易一些。它只有两部分，一部分是枨，一部分是格肩，它以 45 度角斜着插入到木头中，在另一面是直肩。

直肩与格肩的区别在于：第一，从年代上判断，当家具上出现直肩的时候，年份一般都偏早，而格肩榫偏晚；第二，直肩榫与格肩榫相比更为牢固。但是因为格肩榫形制漂亮，它有一个 45 度的嵌入，因此后来被广泛采用。

明晚期　黄花梨顶牙罗锅枨画桌
长 219 厘米　观复博物馆藏

明晚期 黄花梨罗锅枨长方凳
高 49 厘米 观复博物馆藏

上页下图是一个黄花梨的大桌，它下面的枨是格肩插入的；另一个黄花梨罗锅枨的长方凳是直肩插入的。由此可见，格肩嵌入可以采用双格肩，也可以采用双直肩，或是一面直肩、一面格肩。而格肩榫相互之间嵌入相对的位置，则显得非常优美。

古玩门诊

古玩一

清晚期　红木桌屏

这是一个十分小巧的红木桌屏，形制是三屏风式，不能展平，只有形成一定角度才能站立。这种桌屏古代文人经常放在案头，屏风的形式由地上转移到桌子上时年代已比较近了。这个红木屏风用红木做底，镶嵌了象牙。象牙也运用了多种工艺，除了雕刻以外，还做了颜色。

象牙画面雕了两个主要人物，有点儿类似《红楼梦》中的贾宝玉和林黛玉。旁边的两屏是两个无关紧要的婴戏图。

这类屏风是清代后期至民国初年的外销品，也就是专门卖给外国人的。鸦片战争后，外国人进入中国，非常向往中国上层社会的生活方式，他们把大量跟中国文化相关的东西都运到了欧洲，作为商品出售。

这件红木桌屏距今100年左右，是清代晚期的一件简单工艺品，使用了名贵的材料象牙。现代社会一再重申保护动物，所以禁止猎杀大象，所有新的象牙制品已经禁止销售了。

古玩二

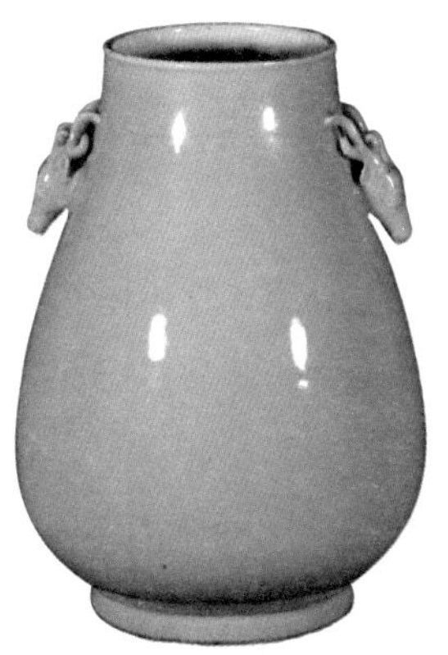

清光绪　单色釉鹿头尊

这是一个鹿头尊，有两个鹿首，它口底相若，整体造型是尊形。清代，最早在乾隆年间制作了很多鹿头尊，有画粉彩的百鹿图，也叫百鹿尊，还有单色釉，体态丰满，器型粗壮，体量较大。

鹿头尊的“鹿”指代“禄”。中国古代讲究“福禄寿”，禄是指官位、官禄。把“禄”做成文化象征，是因为官员代表社会的良心，如果官员腐化了，社会就彻底坏了，所以要求官员保持廉洁。鹿头尊在清朝非常流行，这是对官员的提倡和警示，天青釉也是要他们保持清廉。

这件鹿头尊是光绪年间的，虽然没有写款，但底下是白的。这种淡淡的天蓝色，最流行的时期是康熙、雍正时期，乾隆时期相对来说弱化，到了光绪年间又重新流行起来。

这是那个时期中国人做出的带有中华文化特征的文物。在西方人看来，鹿并不代表中国的官本位，而代表狩猎，能体现狩猎的成就。

古玩三

清光绪“三军司命”棒槌瓶

这是一个棒槌瓶，画片非常丰满、热闹，人物众多，翎毛走兽，中间还写着汉字“三军司命”。

在古代，“三军”有前中后“三军”、左中右“三军”、上中下“三军”，到了现代，就是海陆空三军。在长征时期，毛泽东的诗作《长征》中，有“三军过后尽开颜”，指的是红一方面军、红二方面军和红四方面军。古代的“三军”中，“前军”是前方侦察勘探部队，“中军”是主力部队，后军负责给养、后勤。“三军司命”中的“司”意为主管，“命”就是命令，这个字是简化字。

汉字有过几次简化的过程，最后一次简化后，“命”字已经是简化字了，然后又把它废弃了。中国的简化字绝大部分都是古人用过的自造的字，叫“别字”，最著名的一个例子是大英博物馆的宋代瓷枕“家国永安”上的“国”字。宋代瓷枕上的简化字，确实是宋代人写的。这种简化过程，并不是在新中国成立以后一次性简化的。

因此，“三军司命”的“命”字出现在这件瓷器上是非常正常的。从它的造型、画片、颜色、锦地与肩饰，以及注重时髦的因素等角度来看，可以判定它是光绪本年的。“三军司命”这四个字更突显出了它的价值。

奇珍异材说楠木

前面几篇讲到的紫檀、黄花梨、红木都属于硬木，本篇介绍一种软木——楠木。鉴定木材的软硬有一个简单的方法，就是用指甲去掐木材，楠木会留下痕迹，而硬木是不会留下痕迹的。

在过去的收藏中，大部分人对楠木不是太重视，一则楠木家具本身数量就比较少，二则根据中国人传统的价值观，只有沉重的木头才有价值，所以楠木在很长一段时间内都备受冷落。近些年经过商家炒作，人们对楠木有了新的认识。现今楠木重出江湖，并迅速占领市场，成为中国古典家具收藏里的新宠。

这是一个金丝楠木的都承盘，它是复制品，原件使用的是鸡翅木。复制品使用金丝楠木，是因为它跟鸡翅木有类似的地方。金丝楠木的颜色很暖、很收敛，近距离看，能够感受到它绸缎一样的光泽。

这是一种文人案头的陈设。它有两个抽屉，设计得很巧妙，按压其中一个抽屉，就能打开另一个抽屉。在抽屉里可以放东西，比如信封或

当代　楠木都承盘
观复博物馆藏

者小物件；上面的部分放杂物，因为有围栏，东西不会掉下来，使用起来非常方便。它的转角也做得非常圆润。

这件都承盘选用的金丝楠是最好的材料，在光线下很明显地闪着金色。金丝楠木很适合做小件，其特点就是不易变形，越用越温润，所以很多人都喜欢金丝楠木。此外，金丝楠木的木质特性决定了，冬天的时候它不像紫檀、黄花梨和红木那样冰凉。乾隆皇帝冬天睡的床就是金丝楠木的，而在夏天则睡紫檀、黄花梨这种硬木质的床。

楠木还有一个特性就是耐腐蚀。现在流行的盗墓小说中，喜欢写金丝楠木的棺椁，就是因为楠木的耐腐蚀性极强。从战国到汉代的墓葬里出土过 2 000 多年前的楠木，非常粗壮，架起来以后上面还可以站人，强度很高。此外，出土的楠木棺椁，如果将上层脏污的部分刮去，楠木就会焕然一新，完全看不出是在地下埋了上千年的样子。楠木的耐腐性超出人们的想象，这也是由它的木性决定的。

都承盘的底部有现代复制品的标志，可以进入寻常百姓家。过去的老物数量非常少，现在即便有钱也未必买得到。而使用新材料做复制品，尤其做小件，就不需要很大的木材。

有些木头类似金丝楠木，比如金丝柚木。市面上很多金丝楠木家具都是用金丝柚木制作的，试图以假乱真。一个简单的分辨方法就是，相对来说，楠木木性温和，不容易变形，而柚木木性比较刚烈，容易变形。

下页图是一个普通的楠木方盒，它的上面有刻字，清晰地告诉了人们它的功能。刻字为“钦定四库全书简明目录　经史子集　臣　纪昀谨书”。纪昀就是纪晓岚，他是四库全书的总编纂。这个楠木盒里，当年装着《四库全书》的目录，但内存的目录已经散佚。

这个方盒是乾隆年间的物品，距今有 200 多年了。它构造精巧，木质稳定，严丝合缝。用楠木制作书籍包装盒，原因有三：第一，楠木的纹理收敛，不夸张，符合文人的审美与气质；第二，楠木有气味，属于

清代　楠木书盒
长 32.4 厘米　观复博物馆藏

樟树科，可以防虫防腐；第三，楠木的纹理非常漂亮，它侧面的木纹如沙滩，像流水。

这样的楠木方盒，在今天可能会被随手丢弃。历史上大量的文化信息和文化实物，都在历史的长河中被淹没了，因此我们要留意保存一些重要的历史文物。

1.通常情况下，楠木可以活多久?

马未都评：树木都有寿命，一般情况下树木的年龄都比人长，也有些树木寿命很短，比如杨树。树的寿命与它的生长速度有一定的关系，生长比较缓慢的树，通常寿命比较长。在不出意外的情况下，比如被砍伐或者遭遇严重的病虫害，楠木至少能活300年。

楠木属于樟科，有香味，能避虫，生长在南方潮湿的环境中，在云、贵、川的原始森林中可以找到。

楠木在北方家具制作中不太常用，只有故宫中才有楠木雕龙大柜。但它在建筑上非常多见，比如北京十三陵的长陵中就有楠木大殿。承德的避暑山庄，也有非常著名的楠木殿，整个都是素的。此外，北海也有楠木大殿。

楠木本身有一种含蓄、收敛的美，并且防虫防腐，因此在作为楠木大殿的木料时，如北海和承德避暑山庄，都是不上漆的。

现代对楠木的使用与古代有所不同，因为商业化的渲染，楠木被大量地制成家具。楠木有一定的存世量，它是中国家具优良用材中唯一在国内就可以找到的木材，除了云、贵、川，还有广东、广西，都有大量的楠木，不像紫檀、黄花梨和红木只有少数在海南有分布，大部分都需要从海外进口。不过从市场上来看，现在的楠木与其他硬木家具相比，数量还是很少的。

明十三陵长陵隆恩殿

北海公园大慈真如宝殿

承德避暑山庄澹泊敬诚殿

2. 明代楠木的运输，从砍伐到运至北京，一根楠木的价格会翻多少倍？

马未都评：在古代，北京是使用楠木最多的地方，明清两代修建皇宫，大殿主要的柱材都尽可能使用楠木。楠木是从云、贵、川，特别是从四川运过来的。

明朝时期，在四川砍伐一棵楠木（直径超过一米）的成本，据《四川通志》记载，大概需要七八金，“金”指铜钱，折合一两白银。将这棵楠木运出四川的费用，黄仁宇在《明代的漕运》一书中，对明代楠木的运输做了精确的计算：从四川起运，要走五万公里才能运到北京，每 20 根、30 根扎成一支木排，需要 40 个劳动力去负责，到达北京至少需要三年的时间，20~30 根这一排大约值六万两白银，是在四川时本价的两三千倍。

今天商品运费所占的成本很低，美国学者马克·莱文森在《集装箱改变世界》一书中提到，因为有了集装箱，有了海运，所有的运费都变得低廉，才使全世界商品能够大量流通。

而在古代，一根楠木从四川运到北京，需要三年时间，耗费大量的人力、物力，成本增加两三千倍，这在今天是不可想象的。这体现了现代生活与古代生活的差异，以及社会的变迁。

3. 何为“接圈榫”？

马未都评：圈椅是中国明清两代最重要的椅具，形态非常优美，它的圈是圆形的，在接圈的时候有一个弧形，接圈以后，就要使接口牢固。

接圈榫是为了固定扶手，在中间加楔子，也称楔钉榫。接圈榫的接圈有很多种方法，比较常见的有两种：一种是斜茬的，很简易，将同样的两边对起来，为了让它结实，把左右两侧的楔子嵌入后，稍微使力，就固定住了。工匠一般会用榔头把楔子楔死，多余的部分锯下去，打磨后非常光洁，结构也很完美。另一种方法是直茬的，两边各有一个舌头，深深地嵌入对方的肉里，再将两边的楔钉固定住，也非常结实。

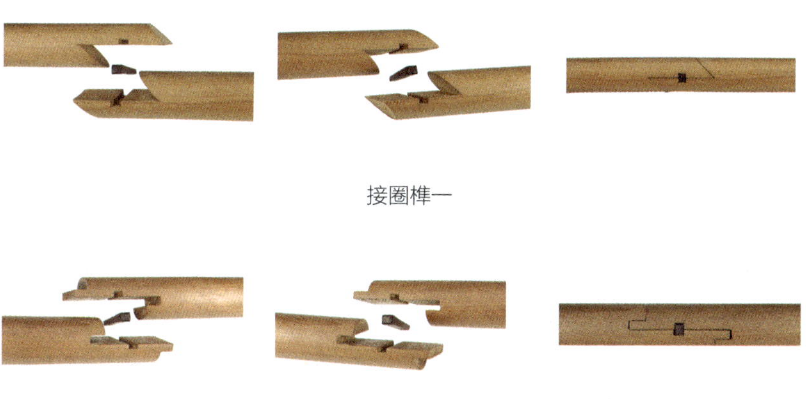

接圈榫一

接圈榫二

明晚期　黄花梨素圈椅
高 101 厘米　观复博物馆藏

很多明代的圈椅，历经 400 年都不会散开，这是由家具的结构决定的，方法比现代简单有效。现在流行用胶，但胶性会失去，三五十年以后没黏性了，就会散开。

圈椅的接圈采用了很简捷的构成方式，而中国古代家具的结构，很多时候源于建筑的结构，例如房屋桥梁结构等。比如赵州桥，有 1 400 多年的历史，到了今天依然坚固不塌，这是由它的结构决定的。

古人无论在制作家具还是进行建造时，都会考虑它的结构和坚固程度，在施工中非常有耐心，注重质量，所以才会使赵州桥这样的灿烂文化遗产延续上千年。

赵州桥

古玩门诊

古玩一

清早期　青花龙凤罐

这是一个龙凤罐，原件应有一个绘龙纹的盖子，已损坏遗失，罐表面上绘有龙凤纹。通常龙凤罐器型比这件略大，上画丹凤与龙，盖子无钮，极容易打碎。

这件龙凤罐的年代是清代康熙后期到雍正早期的，距今已有300年左右。它的画风很有特点，没有大面积的涂色，都是用细笔画的，火焰纹形成了图案画，有点儿遍地野火的样子，由一个个火焰变成了图案。

罐身一面画龙，一面画凤，这种罐在清早期的民窑作品中非常常见，所画的凤凰都非常舒展，不拘谨。龙纹也画得异常凶猛，龙嘴如同鳄鱼，爪子呈风车状，力道十足。火焰上有云纹，云纹呈十字态势。

古玩二

清嘉庆　粉彩花卉吉祥如意花口盘

上图是一件粉彩花卉吉祥如意花口盘，它的盘口如同一瓣一瓣的莲花，上书“吉祥如意”，这在清代乾隆以后非常流行，由宫廷传入民间后，民间也大量地书写这样的吉祥颂语。

乾隆一朝以后，瓷器上的花卉就趋于拘谨。这件粉彩盘的花卉画得很满，但画法很拘谨，花卉之间没有什么关联，中间是一个团寿，背面是五蝠（福），也就是五只蝙蝠，底部写着“大清嘉庆年制”六字款。

这是一件嘉庆本年的民窑，属于当时有钱人家的用瓷，它的画面画得很满，可见当时人对这件瓷器很重视。现代的餐具并不算家庭中的重要财产，因此不太受重视，而在古代，很多瓷器是家中重要的财产。

这件粉彩盘先被带到朝鲜，后来才回到中国。朝鲜曾经是中国的藩国，在那里发现过大量的中国文物。这个盘子被带去朝鲜时，可能是成堂的，也就是一组，也许有四个或者更多，不同尺寸，有大有小，不同器型，有碗有碟，构成一组餐具。

古玩三

清晚期　粉彩花卉八方碗

这是一个粉彩八方碗，是攒碗的一个组成部分，它与其他的八方碗面对面地拼起来，可以形成扇形。它的盖章方式与同治章非常相像，画片也跟同治时期的风格非常接近。它的年份是清代晚期同治年间的，距今大概有130年。

九思堂在中国历史上有很多，“九思”出自《论语》，提醒人们在任何行为下都要有一个准则，比如吃穿住行，都要讲原则。

这个碗上的“刘九思堂监制”，大概是家族中定制的瓷器，聘请了刘九思堂的主人对烧造的瓷器进行监制。

千峰翠色赞越窑

青瓷是中国陶瓷家族中最大的一支，中国陶瓷最早就是从青瓷开始的，早在商代就有了原始的青瓷。

早期人们对瓷器色彩的追求是被动的，还不能主动地对烧造色彩进行掌控，所以只在偶然的情况下瓷器才呈现出青色。不过这种青色与后世青瓷的青色有天壤之别，有的时候呈现黄色，有时候呈现褐色，有的时候只是闪着一点儿青。

经过漫长的历史演变，到了唐宋时期，中国人烧造的青瓷就非常完美了。越窑是青瓷中最重要的一支，出现得最早，历史悠久。越窑是唐代最著名的窑厂，位于长江以南，“南青北白”形成了青白对峙的局面。唐代的青瓷颜色偏黄，到了唐代后期、五代乃至北宋初期，开始出现湖绿色的越窑，非常漂亮。

五代　越窑青釉刻花莲纹五瓣花口碗
口径 14 厘米　观复博物馆藏

上页的这只越窑青釉刻花莲纹碗呈五瓣形。在五代，碗形大多呈五瓣状态，到了北宋一般呈六瓣。它的纹样很接近北宋的特征，所以这只碗很可能是五代末年至北宋初年的。

碗底有支烧痕迹，足是裹足，清晰可见，表面有细碎的纹饰，叫作“篦纹”，是用竹子做的带齿的工具刻出清晰的纹理。以颜色论，越窑的巅峰状态出现在五代到北宋初年这一时期，颜色非常漂亮。

下图是一个越窑的温碗，碗里原来有一把壶，壶里装着酒，壶已遗失。这只温碗呈八瓣形，碗身上有极细的纹饰，都是花卉。此外，碗的圈足外撇。

这只碗的造型非常像金属器，比如铜的、银的，甚至像金的。用陶瓷仿金属器是唐代瓷器的特征，尤其是名贵瓷器。这种仿金属器的纹饰在唐代非常流行，后来影响到辽代。而与辽代早期同时代的五代，其青瓷尤其是越窑，也会呈现金属器的某些特征，比如它的花口有金属折翻的效果，瓷器一般不做这种效果，因为很难做。

唐代　越窑青釉锥花花卉纹花口钵
口径 20.5 厘米　观复博物馆藏

盛唐的越窑与唐代晚期到五代时期的越窑比起来，颜色更加青翠漂亮。这件青瓷温碗与法门寺出土的秘色瓷的颜色非常接近。和法门寺的宝藏一样，大量出土之物让我们后人重新看到了它们真实的面目，有幸目睹先人创造的灿烂文明。

唐代　歌舞狩猎纹八瓣银杯
口径 9.1 厘米　陕西历史博物馆藏

唐代　银杯
口径 9.2 厘米　陕西历史博物馆藏

1.越窑的窑址位于哪个省？

马未都评：越窑是南方最大的窑系，它的分布比较广泛，窑址位于浙江省。浙江省是早年吴越国的属地，所以称为越窑。从绍兴、上虞、余姚到慈溪，沿海岸线这一带，是越窑窑址最集中的地方。余姚的上林湖位置最佳，它占地不到3 000亩，周围的窑口都是烧制越窑最好的窑厂，也是越窑的中心，不过越窑周围辐射出去的窑厂也非常多。到了五代十国时期，吴越国是最富强的国家，统领十三州，主要的地区就在今天的浙江省，同时包括福建福州的部分地区以及江苏苏州的部分地区。

东汉　布纹四系罐
高22.6厘米　慈溪县文物管理委员会藏

这一地区在东汉时期就能烧造出非常成熟的青瓷，虽然瓷器表面还经常出现疙瘩，釉面不像后来的青瓷那么光洁，但它所呈现的特征已经清楚地表明了它是唐代越窑的前身。三国两晋南北朝以后，越窑逐渐发展起来。到了唐代，越窑越发成熟了。唐人对越窑的评价是“如冰类

五代　越窑青釉宝珠钮带盖执壶
高 19 厘米　观复博物馆藏

五代　越窑青釉五瓣花口碗
高 5.8 厘米　观复博物馆藏

一 二
三 四

唐代　越窑圆腹长颈瓶
高 23.2 厘米　观复博物馆藏

唐代　八棱净水秘色瓷瓶
高 21.5 厘米　法门寺博物馆藏

玉"，从这样的文学描述中我们能够感受到，越窑是一种比较透亮的、玻璃感很强的陶瓷。

上页图一是一个五代时期的越窑执壶，颜色呈青翠色，在转折的地方有积釉，显得更绿。

图二是一个五代时期的越窑五瓣花口碗。五代时期的瓷器，不论南方窑口还是北方窑口，多数呈五瓣形。这种造型特征不仅仅体现在越窑上，其他窑口也有这个特征。

图三是一个唐代越窑圆腹长颈瓶，它的腹部是圆的，颈部也是圆的，与法门寺的越窑长颈瓶（图四）不同，法门寺的腹部是八棱的，颈部是圆的。

2. 法门寺宝藏从入封到出土，相隔多少年？

马未都评：新中国成立以后，中国出土了很多文物，越窑也在其中，而最引人瞩目的秘色瓷是在陕西扶风县法门寺出土的。这些秘色瓷是唐朝后期（874 年）入封的，于 1987 年出土，中间相隔 1 113 年。

法门寺是历史上非常著名的建筑，它是因塔建寺，即塔先建成再成寺。据传佛祖释迦牟尼圆寂以后，舍利子被分成 84 000 份，其中 19 份传入中国，建起 19 座宝塔，阿育王寺是最早建立的一批寺院。

唐代初年，阿育王寺更名为法门寺。法门寺所藏的宝物自 874 年最后一次埋入地宫，就再也没有机会打开了。1981 年法门寺遭雷击以后坍塌，1987 年勘查人员在整理地宫的时候偶然发现出土的文物，举世震惊。

这些文物中最重要的是越窑，也叫秘色瓷。在很长一段时间内，秘色瓷都只有文献记载，而没有实物比照，即使现实中见到了秘色釉实物也无法对证。法门寺的出土文物使秘色瓷的千年之谜真相大白，这些宝物入地宫的时候都记入了衣物账，记载的秘色瓷一共 13 件，而地宫里正好出土了 13 件秘色瓷，这 13 件都是国宝。

晚唐诗人陆龟蒙在《秘色越器》中这样评价越窑："九秋风露越窑开，夺得千峰翠色来。好向中霄盛沆瀣，共嵇中散斗遗杯。"这是古人在诗歌中首次提到秘色瓷，秘色瓷是"秘密之色"的意思，也就是轻易不示人。唐代最好的越窑可以进贡，而这种青瓷"秘色"，一般人是看不到的。法门寺的出土文物，让一桩纠缠了陶瓷界很久的悬案真相大白。

3. 陆羽是哪里人？

马未都评：唐代提到越窑的文献很多，陆羽在《茶经》一书中将越窑和邢窑之间的比较写得很清楚。

陆羽是湖北天门人，《茶经》是他的茶学专著。中国人喝茶的历史有 2 000 年了，从汉代就开始喝茶。陆羽著《茶经》，细述茶的知识、茶的工具以及茶的烹制、冲泡的方法，以及其中的注意事项等，这是一部非常完整的著作。

《茶经》影响了后世 1 000 多年的茶文化，到今天为止，所有经营茶的人，无论是种茶、采茶还是卖茶叶，都把陆羽奉为"茶圣"。在中华文化圈辐射范围内的国家，包括日本、朝鲜、韩国，所有饮茶者都深受陆羽《茶经》的影响。

陆羽在《茶经》中的记述很有趣："茶者，南方之嘉木也，一尺、二尺乃至数十尺；其巴山峡川有两人合抱者，伐而掇之。"大意是说：茶叶

法门寺

是南方一种很好的树；“一尺、二尺乃至数十尺”是高度，而非茶树的直径；“其巴山峡川”指的是四川地区，在唐代，这一地区的茶树很大；“有两人合抱者”，说明这茶树非常大，人需要到树上将树枝砍下，再到下面将树枝拾起来，这是当时采茶的景象。

现今便利的采茶方式，是古人在茶叶培育种植中逐渐演化的，注意控制茶树的生长，方便采摘。目前在云南普洱地区，还有一些比较大的茶树，需要上树采摘。

另外，陆羽在写到“茶之具”的时候，先说：“若邢瓷类银，越瓷类玉，邢不如越，一也。”他把邢窑与越窑进行比较，说邢窑像银，而越窑像玉，在这一点上，邢窑不如越窑。此外，“若邢瓷类雪，则越窑类冰，邢不如越，二也”，陆羽认为，冰的文学魅力超过雪。最后，“邢瓷白而茶色丹，越瓷青而茶色绿，邢不如越，三也”。

古玩门诊

古玩一

唐初　青釉双龙尊

这是一件青瓷的双龙尊，造型优美。雍正皇帝非常喜欢这种造型，烧造了很多双龙尊，有青花的、青釉的还有茶叶末的，那时的造型更加优美。

这件青瓷虽然不如越窑漂亮，但也属于青瓷，是由河南地区最多的隋青釉逐渐转化过来的。唐代的双龙尊有白色、黑色的，也有青色的，以青色为多。

这件双龙尊在工艺上呈现出两个明显的特点。第一，它施半截釉。如果施釉时釉往下流过了足，就会跟窑具粘在一起，瓷器就报废了，因此早期控制不好的时候，就宁可少施一点儿釉，通常施半截釉。这样的工艺普遍年代偏早，这件双龙尊就是初唐的瓷器，大约在7世纪，时代越往后釉施得就越往下，釉也越来越满。

第二，它瓶口的双龙朝同一个方向歪，龙不是直的。工匠在做龙的时候龙还是直的，烧完了就变歪了。古代瓷器是拉坯的，在拉坯旋转的过程中有应力，入窑一烧，应力就释放了，于是带着瓷器向某个方向旋转，会呈现出烧制好后朝同一个方向歪，这是在烧制过程中释放了应力的结果。

古玩二

清乾隆　福禄寿罐

这是一个福禄寿瓷罐，上面绘有两只蝙蝠，还有一公一母两头鹿，神态祥和，代表“福禄”；“寿”体现在松树上，松树秀而古。这就是主题“福禄寿”。另外上面还画了一些灵芝，以及一枝漂亮的桃花，以这种方式绘制的桃花在瓷器中并不多见。

此罐整体颜色非常靓丽，布局均衡，它有主题画面，虽然背面绘画内容较少，但也能兼顾前后。这个罐是乾隆早期的，造型上还保留了太白罐的遗风，内容是最为祥和的题材“福禄寿”，但又不俗，表达得很艺术，桃花与灵芝显得优雅美丽。

这个罐子是成对的，现在所配的盖子并非原装。乾隆时期的罐盖都是地包天的，盖子舌头一般卡在罐口里面，能够插进去，而不是天盖地的形制。一般天盖地的盖子，边角都是平直的，不会太柔和。此外，罐子上的蝙蝠动感强烈，盖子上的蝙蝠却非常图案化，从盖子的胎和釉上看，它还是个老物件，只是年代比罐身稍晚一些。

刀耕青胎耀州窑

与宋代的汝、官、哥、钧、定五大名窑相比,耀州窑作为六大窑系的青瓷代表，在中国的陶瓷史上有着不可替代的地位。它的制瓷历史非常悠久，距今已有 800 余年，有“十里窑厂”之美誉。

越窑主要分布在浙江一带，耀州窑则分布在黄河流域，它与越窑形成了对峙，但出现时期比越窑晚。耀州窑青瓷大约出现在五代时期，到了北宋时期就变得非常完美。

与越窑比较，耀州窑有一个显著特征，就是喜欢“动刀”，往往用刀在瓷器上面进行划刻。越窑也有很细的划刻，但一般情况下是使用竹签子，追求一种金属器的效果。耀州窑已经摆脱了追求金属器的效果，体现了瓷器的长处，在胎还比较厚的时候可以深入划刻，正因为如此，耀州青瓷显得比其他青瓷更加艳丽。

金代　耀州窑青釉划花鹅戏水纹盘
口径 17 厘米　观复博物馆藏

上页是一个金代的耀州窑盘子，它是直沿的，与常见的盘子有所区别。盘子中间画了一只白鹅，很符合骆宾王诗的意境：“鹅鹅鹅，曲项向天歌，白毛浮绿水，红掌拨清波。”其上刻工深浅不一：在深处，刀刻得非常深，可谓“刀刀见泥”；浅处都是篦纹，像篦子划出来的纹，就是“红掌拨清波”中的“清波”。这是宋代瓷器中所能看到的最深的绿色，这种绿色很沉静，如果能够欣赏这种绿色，就会觉得它越发美丽。

人们第一次看到耀州窑的绿色时通常是不太接受的，觉得颜色太重，不如龙泉窑漂亮。但审美是具有多样性的，应该更加宽泛，不能永远按照一个路子走，那样就显得太片面。

这是一个北宋耀州窑的小梅瓶，它是直肩的。通常梅瓶是圆肩，肩是逐渐溜下来的。与圆肩相比，直肩显得更精神，如同西服中的垫肩，不像圆肩那么随意。按照现今酒的容量，这个小梅瓶大概能装八两酒，这是典型的北宋耀州窑刻工，刻得比较深、比较满，刀刀见泥。

从图案上看，梅瓶表面有一枝接一枝的缠枝花卉。工匠在布局上胸有成竹，不论是中心图案，还是下方的蕉叶纹装饰，以及对肩部干净利索的处理，都体现了当时工匠的审美。这是 1 000 年前中国北方人的审美，与南方人的审美不同。它以一种粗犷的审美，来提示着生活中的内容。细腻和粗犷是审美的两个方面，各有所长，没有高下之分，关键看人们如何应用。

耀州窑将其人文文化非常巧妙、熨帖地制作在一件件普通的瓷器上，使人们至今依然能够感受到当时黄河流域中国人的审美。

北宋　耀州窑刻花缠枝牡丹纹折肩梅瓶
高 18.7 厘米　观复博物馆藏

1.耀州窑在历史上有没有烧造过贡瓷？

马未都评：古代的瓷器是官民共享的，也就是说民间使用的瓷器，宫廷也会使用。

宋代著名的窑口基本上都烧造过贡瓷，贡瓷要求瓷器的质量达到一定标准，宫廷就可以选择使用。耀州窑、龙泉窑、定窑、钧窑等著名窑口的瓷器在历史上都曾经供奉给宫廷。宫廷选择瓷器有两项标准：第一，质量过关；第二，符合宫廷审美。

从审美上看，北宋皇帝是非常挑剔的，觉得有的颜色不舒服就不会使用。比如白瓷，宫廷曾经使用过一段时间，但后来觉得白瓷太刺眼，转而使用青瓷，于是出现了后世常说的汝窑、官窑、哥窑、钧窑、定窑五大名窑，这些瓷器种类都曾经

五代　耀州窑“官”字款碗标本

做过贡品。耀州窑也曾经是贡瓷，证据是瓷器底部有“官”字。

“官窑”的概念产生于明清时代，是指由宫廷专门定烧的瓷器。五代时期的耀州窑、定窑上都出现过“官”字，这里的“官”是“官方”的意思，不一定是官窑。比如官方机构使用的瓷器，不一定全是宫廷使用。私人烧造的瓷器被选为贡瓷，只是因为质量好、符合宫廷审美而被宫廷选用了，却未必是官窑，所以五代到北宋时期的很多瓷器上都出现了“官”字，但是不代表它是官窑。

2.耀州窑以刻花和印花著称，与刻花相比，印花的好处是什么？

马未都评：耀州窑的作品以刻花和印花为多，素器相对来说比较少，带纹样与刻花的通常是其典型作品。刻花和印花是两大工艺，一种是拿刀刻，一种是用模子印。

使用模子是为了提高效率，因为刻花很耗费时间，这是其一。此外，如果有模具，即使是非技术人员，也能进行印花工艺的操作，这是在人力方面提高效率。

这是一个耀州窑菊花纹碗的陶模，模子是事先刻出来的，是反向的，将碗拉好坯，趁着还没有阴干、陶坯尚软之时，将它压入模具，碗

宋代　耀州窑菊花纹碗陶模及印花碗

就成形了。

宋代的陶瓷都有一个由刻到印逐渐进步的过程，这个过程是共通的，除了耀州窑，定窑也是这个状态，包括景德镇窑。景德镇的瓷器在北宋时期还有刻花的，到了南宋时期，印花瓷器就大量出现了。

3. 耀州窑烧瓷器的时候用什么作为燃料？

马未都评：瓷器的烧造需要使用很多燃料。景德镇烧造瓷器使用的是松木，松木有松香和松油，燃烧温度超过一般的木料，能够使火的温度达到 1 000 多摄氏度，而且耐烧。每个窑要烧很多松木，大约有 30 卡车的量，需不断地续入木柴。但这种方式会破坏森林和植被，景德镇在宋元时期松林密布，后来松木就被砍伐殆尽了。

耀州窑位于陕西地区，当地产煤，煤炭温度高，升温快，很容易达到 1 000 多摄氏度。耀州窑使用煤炭做原料是有记载的，北宋的窑神碑《德应侯碑》上记载着耀州窑当年烧造的盛况："居人以陶器为利，赖以谋生。巧如范金，精比琢玉。始合土为坯。转轮就制，方圆大小，皆中规矩。然后纳诸窑，灼以火，烈焰中发，青烟外飞，煅烧累日，赫然乃成。击其声，铿锵如也；视其色，温温如也。人也是赖以为利，岂不归于神之功也？""范金"是指铸造得像金属器皿一样，"精比琢玉"就是做得如玉器一样讲究。这里使用了文学语言，描绘了耀州窑成品瓷器的声音和美丽。人们常说瓷器声如磬，就是它的声音非常悦耳。耀州窑的颜色"温温如也"，显得不那么刺目。宋代的各大青瓷窑口中，耀州窑是颜色最重的，是一种橄榄绿，这种绿恰恰跟陕西地区的人性格吻合，非常凝重。这种橄榄绿色的瓷器，对照南方的梅子青色，同样是青色，却有天壤之别。

北宋　耀州窑刻牡丹纹大碗
直径 20 厘米　文物艺术品收藏家协会藏

金代　耀州窑青釉刻牡丹纹碗
口径 20.7 厘米　观复博物馆藏

古玩门诊

古玩一

北宋　景德镇湖田窑花卉碗

这是一只景德镇湖田窑白瓷花卉碗，质地非常轻薄，近看呈现漂亮的湖蓝色，远看比较白。北宋时期，景德镇的瓷器烧制已经非常完美了，湖田窑是它最好的产品。

碗中刻有一枝花卉，是浅刻的牡丹花。从形制上看，这只碗有六瓣，造型符合北宋时期的特点，是当时质量很高的瓷器。

早期景德镇瓷器的刻法与耀州窑的刻法非常接近，但刻得很浅，这只碗在北宋年间的湖田窑中是非常不错的，不过当时刻这种花卉的图案并不常见。这只碗素雅优美，十分符合当时的时代观念，从审美的角度上讲，远远高于后世俗艳的色彩。

古玩二

下页是一个过墙龙盘，龙的下半身甩到了盘子的背面，这就是过墙龙。过墙的画法在雍正时期非常流行，往往一边画龙，一边画花卉。

清雍正　青花过墙龙盘

盘子上面所画的龙有四个爪。民间有种说法，说皇上使用五爪龙，大臣、王爷使用四爪，民间使用三爪，但这是一个误传。中国宫廷从未对此做过规定。通过对元明清以来的龙进行分析，元青花的龙大都是三爪的；明清两代，官窑成为定制的时候，龙纹依然有三爪或者四爪，所以龙爪的多少并不代表瓷器的等级。当然，最好的官窑往往画五爪，因为画得比较仔细。瓷器上画几只爪并不重要，重要的是它整体的气息。

这种盘子在民间有一个简单的称谓，称为“断龙盘子”，画面上呈现出半条龙。底部是细砂底，底上不挂釉是这种盘子的一个特点。盘子的背面是一个抓有火珠的龙，周围有云纹。这是一个雍正年间比较精致的民窑盘子，通过这样的盘子，我们可以想象当时人富足的生活。

古玩三

下页是一个六棱紫砂碗，器型饱满，做工精美，虽然后期保存不完善，有残缺，但依旧能看出原始的曲线非常漂亮。每个棱的过渡都做得非常饱满，每一条线都非常优美，没有一条线是直的，碗的每一个瓣都

清嘉庆　紫砂挂釉六棱碗

做得凸凹有致，非常立体。这种紫砂碗不太常见，一般紫砂都做成壶。紫砂有很多种，细腻一些的是紫泥做的。紫砂里带挂釉的很少，这个碗中就挂釉了。

碗上刻着字：“馔玉炊珍十分火候，一笈黄金何如瓦缶。彭年氏制。”宜兴做紫砂器皿的，在清代道光年间有个名人，叫杨彭年，他是嘉庆元（1796年）年生人，到道光时期成年，他做的壶非常精美。

杨彭年做过很多小玩意儿，这只碗不能断定就是他亲手制作的，但从碗的质量上看，符合杨彭年的水准：比如，字刻得非常好，韵味十足；内容也不那么世俗；边饰是二方连续的，如同长城城墙，是印出来的。这只碗是清代中晚期的，水准上也很接近杨彭年的作品。

淳厚沉静龙泉窑

龙泉窑、越窑、耀州窑这几类青瓷的共同之处在于，它们的呈色剂都是氧化铁，所以呈现青色，只不过青色各有侧重。早期的越窑青瓷略带一点儿灰，后期如五代到北宋时期的就比较青翠。耀州窑是橄榄绿，颜色凝重。龙泉窑的颜色比较丰富，北宋、南宋之间的颜色完全不一样，有浓重的，也有淡雅的，各有各的审美和优点。

在青瓷中，越窑是老大哥，在唐朝就已经非常完备了，从五代到北宋时期烧造得非常精美；其次是耀州窑；相对来说，从时间上讲，龙泉窑略微晚一点儿，它的巅峰状态是从北宋时期开始的。在中国青瓷烧造的历史上，每个时段都有极为闪亮的明星登场。

南宋　龙泉窑官釉长颈瓶
高 18.7 厘米　观复博物馆藏

北宋时期，宫廷已经开始烧造官窑了，大名鼎鼎的汝窑也是官窑，称为汝官窑。南宋时期，这些瓷器全部遗留在北方都城。到了南方，有龙泉这样一块宝地，又有工匠，就延续了北宋的陶瓷文化。在这种情况下，南宋宫廷就在南宋的都城，也就是杭州附近开始烧造官窑，因此，官窑对龙泉窑是有过影响的。

上页是一个南宋的穿带瓶，它的圈足上有两个方孔，可以穿入丝质绦带。穿带瓶在北宋时期比较流行，在瓷瓶上插一些花，穿一个鲜黄的丝带，打一个巧妙的结，会是很有情趣的装饰。宋人将瓷器和丝绸很好地搭配在一起，自然而然，显示他们生活的雅致。南宋的青瓷大都没有纹饰，上面装饰的穿带，却往往被后人忽视了。

这件穿带瓶有龙泉官窑的味道，造型非常简朴，釉色非常漂亮，釉上有冰裂纹，也叫冰片，这是在自然烧造过程中形成的。它的造型有很多微妙的地方，口部向上突出，略有翻唇，如同画唇彩时勾勒的唇线，细节十分精美，需要细细体会。

这是南宋著名的梅子青，大约在八九百年前，中国工匠通过自己的努力，通过对艺术的摸索和感受，烧造出如此漂亮的瓷器，它仅用颜色就可以传达美感。

南宋　龙泉窑梅子青釉渣斗
口径 13.4 厘米　观复博物馆藏

这种瓷器的造型叫渣斗，也就是在吃饭的时候，用来盛装鱼刺、骨头等渣滓的。当时人能将这样一件小物件都做得如此有情趣，可见南宋人生活的优雅。现代生活质量提高了很多，人们也希望自己的生活逐渐变得优雅起来。优雅并不是一场表演，而是体现为生活中的一点一滴。

1. 北宋龙泉窑和南宋龙泉窑，哪个质量更好?

马未都评：龙泉青瓷大约始自宋代，经由元代延续到明代，清代基本就消亡了。龙泉窑烧造的巅峰时期是在宋代。

北宋的耀州窑、定窑、越窑都优于南宋，但龙泉窑是个特例，南宋时期烧造的都比北宋好很多。古代的政治中心一定也是经济中心，一般都是从政治中心辐射开来，这与现代不同。金人南侵以后，迫使宋室南迁，偏安杭州。龙泉窑在南宋时期异军突起，迅速达到了质量高峰。

龙泉窑的优点体现为釉色、造型和取土。青瓷以釉色作为最主要的表现手段，南宋时期在颜色上大下功夫，追求最美的颜色，所以有了粉青、梅子青等各种青色，色阶之间的差距非常微妙。

宋代整个一朝的贸易都做得很好，国内贸易非常兴盛，海外贸易也很发达。当时运往海外的主要是两个窑口的瓷器，一个是景德镇的湖田窑，另一个就是龙泉窑。

宋高宗绍兴十六年（1146 年）下诏："市舶之利，颇助国用，宜徇旧法，以招徕远人阜通货贿。""市"是指交易、贸易，"舶"是船舶，就是宋代的远洋贸易，"颇助国用"的意思是说这种贸易是对国家有好处的。所以在南宋时期，国家更加重视用贸易来滋养弱小的朝廷。

南宋　龙泉窑粉青釉双鱼盘
口径 21 厘米　观复博物馆藏

南宋　龙泉窑梅子青釉荷叶形盖罐
高 29 厘米　观复博物馆藏

2.龙泉窑址有什么特点?

马未都评：龙泉窑址位于浙江省龙泉市，离福建省很近，因为当时与国外贸易比较多，进行出口一般从福建运输，海运条件很便利。

龙泉处于山区，本土交通并不发达。南宋的龙泉窑比北宋的好，光从颜色上看，南宋就高于北宋。颜色是由烧制温度决定的，工匠们在烧造的过程中，逐渐掌握了控制颜色的技巧。

窑内温度在 1 180~1 230 摄氏度时，呈现的釉色一般都是粉青。把温度再往上提升 20 摄氏度，呈现的就是梅子青，颜色稍重一点儿。梅子青的玻化程度很厉害，“玻化”就是玻璃化的程度，瓷器折射率很好，颜色非常漂亮。

3.元代龙泉外销瓷的总体特征是什么?

马未都评：龙泉青瓷在宋代处于巅峰状态，在元明之际依然有其光辉。龙泉窑的商品在演变过程中，受到很多社会文化和其他因素的影响。

元代龙泉外销瓷的总体特征是器型很大。蒙古族作为纯游牧民族，为中原民族展示了另一种生活方式。宋代人吃饭遵循分餐制，蒙古族是共餐制，因此器皿就要求大。

蒙古人的共餐制对中原人的起居生活饮食习惯产生了影响，让人们意识到还可以共餐。但因为影响有限，因此在明朝的时候，大部分中国人依然实行分餐制。后来满族进入中原的时候，又带来了他们的共餐制，导致中国人第二次开始接受共餐制。因此，元代对瓷器特点的要求，实际上是文化的需求。

青瓷到了明清时期就慢慢走向了沉寂，这是由几方面原因造成的。首先是地理因素，龙泉地区位于山区，交通直至今天都不够发达，在后来经济发达时期，逐渐被明清时期的其他窑厂（比如景德镇窑厂）替代。景德镇沿着长江，水运便利。因此，处于山区的龙泉窑在明代中叶以后，就开始急剧衰退，到了清代几乎消亡。

此外，龙泉窑的衰落也与政策有关。明初洪武年间开始设置官窑，洪武二十六年（1393 年），《大明会典》中规定“凡烧造供用器皿等物，须要定夺制样”，也就是说：凡是给宫廷烧造瓷器，一定要有样例，而这个样例是由宫廷定的，如果数量很多，需要计算成本，窑工就要直接到皇城来，当时是指南京。“置窑兴工”，是指在南京附近找个地方烧制瓷

明初　龙泉窑缠枝花卉纹玉壶春瓶
高 34.4 厘米　故宫博物院藏

明洪武　釉里红缠枝莲纹玉壶春瓶
高 32.5 厘米　故宫博物院藏

器。而如果数量太多，在南京无法完成，就要“行移饶处等府烧造”，把烧窑处所移到饶州府，也就是景德镇去烧造。

明代瓷器是在景德镇和龙泉窑同时烧造的，这一点我们可以通过当时的官窑来验证。

上页左图是故宫博物院藏的明初龙泉窑的玉壶春瓶，它的纹饰中间有一朵缠枝莲。而右图是景德镇烧造的，纹饰一模一样，造型也基本上相同。

这就是当时宫廷给的样例，一份给了龙泉，一份给了景德镇。龙泉青瓷是用刀把纹饰刻出来，而景德镇是画出来。到了明清两代，宫廷对瓷器的要求更加严格了。

龙泉窑的品种太单一，只有青瓷，而且多是素器或带有刻工的。景德镇除了釉里红，还有青花、五彩，后来发明了斗彩、粉彩等，颜色、釉色多样，品种齐全，能量很大。

在这种情况下，处州（也就是龙泉）逐渐停烧了，此后又赶上明朝中叶的黑暗期，即正统、景泰、天顺这30年，处州就完全停工了，制瓷业务全都转向景德镇，这也是竞争之下的结果。

古玩门诊

古玩一

宋代　当阳峪窑瓷罐

这是一个瓷罐，形制略小，并不多见。它的工艺比较特别，在制作过程中，瓷罐成型上釉以后，将它放在一个转轮上，在转动当中不停地跳刀，形成跳刀痕。这种装饰方式是当时的工匠偶然发现的，制成了这种既有规律又不可控的纹饰，速度的不均匀以及刀刃触及瓷器的力度不同，会造成纹饰的长短深浅不一，从而形成一种意想不到的美。

在古代，日本人最喜欢这种装饰，称其为“飞白纹”。“飞白”源于中国书法，枯墨的时候，毛笔一笔拉出去，中间有虚白的地方便是飞白。日本人把这个词借用到瓷器上，就叫飞白纹。中国在宋代当阳峪烧制过飞白纹的瓷器，流传至今的非常少见，通常只在日本的博物馆里和书上可见。

它的底部做得非常好。从颜色上讲，瓷罐一侧深、一侧浅，这也是当阳峪窑的一个特点，带有一种自然之美。

古玩二

明代　龙泉窑二十四孝碗

这是一只龙泉窑碗，碗内有字，中间一个“廉”字，旁边有四个人名：王祥、郭巨、孟宗、丁兰。

这只碗是小足碗，风格受游牧民族的影响，它的年份是明代。明代流行在碗内印花，内部的人名是按压制成的。

王祥、郭巨、孟宗、丁兰是中国历史上著名典故“二十四孝”中的四孝。王祥的典故出自“卧冰求鲤”。他的继母大冬天想喝鱼汤，虽然继母对他不好，但他还是脱光了衣服躺在冰面上，等冰裂开了，鲤鱼就跳上来了，王祥用这种行为感动了他的继母。

“郭巨埋儿”也叫“埋儿奉母”，它的封建色彩比较浓重。郭巨家贫，但他对母亲非常好，老母亲则把食物都给了孙子。郭巨看着过意不去，就跟老婆商量，说儿子没了还能再生，妈没了不行，于是要把儿子埋了。在挖坑过程中，郭巨发现了一大堆黄金，日子就好过起来了，以说明孝子有好报。

孟宗的故事叫“哭竹生笋”。他的母亲生病了，医生说要医好他母亲的病只能吃竹笋，用竹笋熬汤。当时是冬天，找不到竹笋，孟宗就到竹林里抱着竹子痛哭，于是感天动地，竹笋就长出来了，孟宗将竹笋带回家，救回了母亲。

丁兰的故事叫“刻木奉亲”，他年幼时父母早亡，他非常思念父母，就把父母雕成木头人，每天有事就向木头人请教，他认为这两个木头人代表他父母的一切情感。而他妻子觉得麻烦，趁着丁兰外出，就用针扎木头人，结果木头人流血了。丁兰晚上回来以后，在拜木头人的时候发现雕像流泪了，于是询问妻子，妻子实话实说，交代了用针扎木人的事情，丁兰就把妻子休了。

这个碗向人们展示了“二十四孝”中的四个典型故事，即使在今天，孝道也是很重要的，但今天的年轻人对孝道的感受越来越淡，在大量的文学作品包括影视剧中，经常看到不肖子孙。这种二十四孝碗，给了人们良好的感受。

稀世珍宝柴汝官

官窑系统包括大名鼎鼎的柴窑、汝窑、官窑，还有也属于青瓷系列的哥窑和钧窑，但宋代是否有这两个窑口，至今是个谜。这里所说的官窑概念与明清的官窑截然不同，特指宋代的一种釉色。

柴窑的年代偏早，它是后周时代烧造的御用瓷。柴窑之谜后来逐渐解开了，虽然最终定论还有待于学术界做出评判。汝窑在宋代文献中不断地出现，又有实物存世，所以现今对汝窑的了解就更多一些。

这些传世的瓷器，让我们看到了在1 000多年前的唐宋时期人们追求的青瓷之美。虽然一个小器物不足以说明什么，但中华文化就是在这一个个小小的物件中，不断地传承下去的。

下图是一个斗杯，是喝酒时使用的，也就是李白诗句“金樽清酒斗十千”中的“斗”。这个斗杯很有特点，表面有非常漂亮的龙纹和花纹，下面有四个字叫“显德遗器”，这说的是柴窑。之所以叫遗器，是由于

明代　鎏金孔雀蓝“显德遗器”款方斗
高5.3厘米　观复博物馆藏

南宋　官窑小渣斗
高 8.3 厘米　观复博物馆藏

它是用残瓷片在乾隆年间镶制的，表面凸凹不平，当年的瓷器被打碎了，将四片磨好后，工匠用铜簪花重新镶嵌了起来。

明朝 200 多年的时间里，把柴窑传得神乎其神，到了清代，有人误认为这个颜色就是“青如天”的柴窑，于是将这种孔雀绿的残片镶制成斗杯。这个斗杯是乾隆时期典型的斗杯造型，底下刻了乾隆时期流行的篆字款。瓷器本身是明代的，镶制是乾隆的，模仿后周的风格。

上图是一个南宋的官窑，它的釉面是一种灰青色，与其他的青瓷在颜色上有明显差异。器足做得非常精致，呈现了铁足的特征，器口处有一个细微的变化。

南宋的皇帝有很多文化情思和家国理想，可惜北宋被灭掉以后，他们只能一直在南边坚守，因此想尽可能地恢复一些北宋的文化传统。官窑是其中之一，它利用了浙江地区多年积累的烧造经验，迅速仿造出了北宋的官窑。南宋官窑有郊坛下和修内司两类，甚至越窑系统和龙泉窑系统都有过类似的仿制。

1. 后周皇帝柴世宗在位共多少年?

马未都评：柴窑是因柴世宗本人命名的陶瓷，以皇帝的姓氏来命名的瓷器，历史上只有这一种，而这种瓷器长时间来又是一个谜。

柴世宗于公元954年登基，959年就去世了。后周历史原本就很短，柴荣的义父后周太祖郭威没有子嗣，因此柴荣继承了皇位，但是他不幸身染重疾，只在位六年，便把皇位传给幼子柴宗训，导致后来赵匡胤陈桥兵变，黄袍加身。

后周世宗柴荣像

柴世宗事务繁多，烧造瓷器是小事中的小事。明朝谢肇淛的《五杂俎》中有这样一段描述："世传柴世宗时烧造，所司请其色，御批云：雨过天青云破处，这般颜色做将来。"谢肇淛是明末人，他离柴世宗所处时代有500年以上，所谓"世传"就是说他并不知道真实情况，有杜撰的可能，可信度比较低。"做将来"也就是"按照这个颜色去做"的意思，记载不一定准确，因为不是当朝的文献记载。如果这个记载是宋代初年的，可信度就会很高。

明代曹明仲在《格古要论》中指出"柴窑出北地"，并指出"北地"是洛阳。而陕西省离耀州窑非常近的一个地方，在历史上叫北地郡，大量文献和石碑上都能看到这个字眼，证明当时北地不是泛指，而是确指，北地郡就是古代的"北地"。

古代还有一种鼎州窑，湖南和陕西都有地方叫鼎州。鼎州出土了大量的残片，十分符合关于柴窑的文学描述，青如天，薄如纸，声如磬，明如镜。现代社会的信息量很大，各种考古挖掘也很多，柴窑的谜团很快就会解开了。

2.宋高宗活了多少岁？

马未都评：汝窑是北宋时期创烧的，它的生命期很短。北宋灭亡以后，南宋无法烧造汝窑，皇家却非常推崇，因为它蕴含着无尽的故国回忆。

中国历史上的皇帝，最长寿的是乾隆皇帝，活了89岁。第二高寿的皇帝是梁武帝，活了85岁。第三高寿的就是宋高宗，活了81岁。

高宗赵构是宋徽宗的第九子、钦宗之弟。徽宗和钦宗被金兵俘虏后押解到了黑龙江，受尽人间屈辱。当时赵构是康王，逃亡到了临安，也就是今天的杭州，重新把宋朝的香火续上，这就是南宋。

南宋的国土面积相对北宋大为缩小，与金兵形成了对峙局面。金兵最终没有拿下南宋江山，基本原因有二：第一，金兵善于在草原作战，不适应南方闷热的天气，再加上岳飞抗金，所以他们无心恋战，便退了回去；第二，金人与南宋和谈，宋国通过不断输送岁币，来换得和平。

宋高宗年轻时见过汝窑，南渡后他非常怀念汝窑，于是就有人开始迎合他，供奉汝窑。南宋周密在《武林旧事》中抄录了一份绍兴二十一年（1151 年）宋高宗宠臣张俊进奉礼物的清单，其中涉及汝窑的有 16 件，有酒瓶一对、洗一、香炉一、盒一、香毬一、盏四、盂子二、出香一对、大奁一、小奁一。这是迄今为止，古代文献中关于汝窑记录最多的一次记载。从这张清单上可以清楚地了解到，当时高宗对汝窑制品是有需求的，或者说很思念，因此宠臣才进奉讨好。

很多器物上通常有一种特定的刻字，比如邢窑中的“盈”、耀州窑上的“官”、定窑上的“官”，但这些字都是事先刻的，而汝窑上的字则是后刻的。瓷器烧成以后，归谁使用，就刻上谁的名字，比如“奉华”，专为宋高宗的宠妃刘氏起居所用。

宋高宗像

北宋　汝窑青釉“奉华”碟
直径 12.8 厘米　台北“故宫博物院”藏

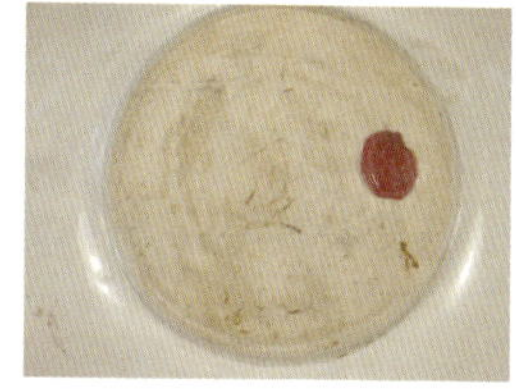

唐代　邢窑“盈”字款白瓷碗
口径 16 厘米　观复博物馆藏

北宋　定窑刻莲瓣纹碗
口径 18.5 厘米　定州静志寺塔基出土

3.宋代一共有多少位皇帝?

马未都评：宋朝一共有18位皇帝，北宋、南宋各9位，其中北宋有167年，南宋有152年，加起来有319年。这段历史造就了中国的文化，尤其是宋代文化。很多学者认为中国人的思想方法和行为准则，很多都是在宋朝最终确立的。

唐朝的历史有289年，明朝有276年，清朝有276年，只有宋朝跨过了300年这个大限，它是以柔克刚的典型代表。

有些学者认为，宋代文治发达，武将不行。假设宋代的武力也非常发达，也许未必能延续这么久。唐代也很强大，但用兵过后也会损伤自身，因此历史不能假设。

宋代青瓷在陶瓷领域十分重要，它有越窑后半段的发展，有耀州窑在北方的支撑，又有龙泉窑在南方的成长，从而形成了一个三足鼎立的局面。此外夹杂其中的又有官窑。官窑的青瓷特指陶瓷的青瓷系，从科学角度来看属于青瓷，但颜色已经偏离了民间所喜欢的青色，更多的是发灰发蓝，柴窑、汝窑和官窑都是这个色阶的。

古玩门诊

古玩一

清康熙　亮青釉凤尾觚

这件器物原本是一个花觚，也叫凤尾觚，它有一个长颈向外伸展，但因后来上半部分破损，便只剩一半了。它的品质非常好，是康熙时期的民窑青花，颜色很亮，表面绘有双犄牡丹，这是康熙时期的特点。此外还画有凤凰，与双犄牡丹相互配合，称为“凤穿牡丹”。如果同样是牡丹花图案，而凤凰换成龙，便称为“穿花龙”。

这种半截的花觚很多，因为上端的撇口一旦打碎，样子难看，工匠就将其锯掉磨平。这件器物镶嵌了一个铜口，说明当时人对它的重视。这是康熙中期的作品，工艺很成熟，是典型的亮青釉，釉色明亮，带着青莹的色泽，是一件标准器。

古玩二

北齐　三彩长颈瓶

这是一件北齐时期的三彩长颈瓶，在日常生活中几乎看不到它，通常只出现在博物馆和收藏家手中。

这件长颈瓶很有特点，从正面看，黄绿相间地画了八道，画完之后，色彩向下呈自然流淌状，这种造型通常出现得比较早。这是一个工艺很成熟的花瓶，理论上讲与现代花瓶的器型区别不大，很多玻璃花瓶都与它类似。

北齐到唐代这段时间并不算长，因为隋朝的历史只有几十年。唐代有了唐三彩，其最主要的两个色调是黄色和绿色。从造型上讲，这件长颈瓶非常接近北齐时代，是唐三彩的先声，可以说唐三彩是受它的启发产生的。它的表面是一层铅釉，是低温时用陶土烧制的，因此附着力很差，年代久了自然就爆裂脱落了。

它烧造于河南地区，这一地区后来烧造了很多唐三彩。这类瓷器一般是作为陪葬用的明器，它的胎是吸水的，将水倒进去后，没釉的地方会吸水，因此瓶子会湿漉漉的，这就是陶器不如瓷器的地方。中国古代大量制造瓷器，而陶器越来越少，也是这个原因。

古玩三

明代　直生（尤侃）款雕人物犀角杯

这是一个明代的犀角杯，是古人用来喝酒的。犀角杯上所雕刻的人物非常精美，与明末画家陈洪绶所画的几乎一模一样：发髻高耸，人脸微微朝下，所雕刻的芭蕉也非常生动，穿杯而过。使用这种工艺，是因为雕工舍不得过多地雕去材料，造成浪费。

犀角是非常重要的一味中药，有镇静、退烧的作用。小孩发高烧的时候，中医会建议弄点儿犀角熬了喝，就可以退烧。犀角杯上面有一些痕迹，可能是被刮去作为药材了。杯子后面写着“直生”，他是晚明时期非常著名的雕刻犀角的大师，名叫尤侃。

这个犀角杯经历了400年流传至今，尽管有些磕碰，但依然可以看出当年的风貌，以及当时人对艺术的追求。

现今全世界都在提倡保护动物，中国已经加入了《国际保护动物公约》，犀角和象牙都是禁止贸易的。人们保护动物的意识大幅度提高了，不幸的是艺术水平却大幅度地降低了。

以玉为礼商周玉

中国人使用玉器的时间很长，至少有 8 000 年了。近些年比较热的红山玉器、良渚玉器，都是古玩爱好者耳熟能详的玉器。

玉器文化是从美石文化演绎过来的，商周时期，玉器文化已经成形了。

商周时期，玉雕的鱼非常多。这是一个西周时期的玉鱼，与商代的鱼非常近似。鱼是静态的，这种直体的鱼在后世几乎看不到了。玉鱼上有一个孔，是用来佩戴的，也可能是一组玉佩。玉鱼的眼睛很大，嘴向上噘着，整体形象与河中常见的俗称“白条鱼”的鱼很像。鱼的象征文化是世界共通的，不仅中华民族对鱼十分感兴趣，世界上其他民族早期对鱼也有所刻画。新中国成立以来大量的出土报告中，商周时期的墓葬里，玉器的鱼很多，尺寸与这条玉鱼相近，这是当时玉器的特征。

这条鱼看起来是静态的，但是它的形态笔直，说明正在游动中，由此可以感受到它动态的魅力。西周时期还有一种弯形的鱼，是正在跳跃的鱼。这条玉鱼貌似静态，但静中有动，在有速度的运动中呈现笔直的状态，这种动感需要内心慢慢地去体会。

西周　玉鱼
长 6.3 厘米　观复博物馆藏

这件玉器距今已经 3 000 年了。3 000 年对人们来说非常漫长，但现今在阐释这条玉鱼的时候，我们忽然发现 3 000 年又离我们很近了。

商代晚期　玉鱼
长 7.7 厘米　中国社会科学院考古研究所藏

西周中期　玉鱼
均长 11 厘米　陕西省宝鸡市博物馆藏

殷商　玉鱼
长 8 厘米　中国社会科学院考古研究所藏

西周　玉熊佩
长 5.1 厘米　观复博物馆藏

商代晚期　玉熊
高 4 厘米　中国社会科学院考古研究所藏

左图是一个西周时期的玉熊，带一点儿玉皮子。它的刀法是西周最常见的一种。这种坐姿的熊早在商代就出现过，河南安阳小屯曾出土过一个圆雕的熊，今藏河南博物院，与这只熊的姿势异曲同工，只不过那只熊是个圆雕的，这件是浮雕的。

理论上讲，玉器的发展应该越来越趋向于立体、丰满，但事实却不是这样。商代后期的圆雕作品，远远超出了今人的想象，超出了以前所有学者的想象。如果没有安阳妇好墓的出土文物，很多文化成就都会被淹没在历史的长河之中。通过系统地挖掘妇好墓，人们看到了商代玉器与周代玉器的区别。西周的玉器中，礼器大量增加，品种十分丰富，从侧面证实了礼制在逐渐地形成和完善。

在古人心目中，熊是力大无比的一种文化意象，但右图这只熊造型很萌，带有童趣，体现了人类早期的多元文化概念。形容一个人“虎背熊腰”，则是说他非常壮硕、有力量。从商代到西周，再到春秋战国，直至汉代，熊的形象都以力量作为表现的主要目的，而这只熊恰恰相反，很安静地坐着，好像无所求，而这种无所求之中，传达的是中华民族的一种文化符号：一方面表现了中华民族生存的努力，另一方面是在生活中追求一份安逸。

观复学堂

1. 我们常说的和田玉和云南翡翠，哪个硬度高？

马未都评：古人对玉的定义是“美石为玉”，认为凡是漂亮的石头都可以称为玉。但在科技层面，要分析玉的实质成分，就要重视玉的硬度。

现代人对翡翠和玉都比较了解了。通常翡翠的硬度高于和田玉，硬度的科学指标是莫氏硬度。莫氏指的是德国的矿物学家腓特烈·莫斯，他在 1812 年提出矿物质的硬度分 10 个级别，并以常见矿物质作为等级参考。一般情况下，和田玉的硬度为 6~6.5 度，翡翠是 6.5~7 度，相差仅 0.5 度，而最硬的和田玉和最软的翡翠，硬度可能在同一等级上。

玛瑙的硬度与翡翠很接近，碧玺的硬度要高一些，最硬的显然是爱情的标志——钻石。莫氏硬度是一个相对概念，10 级的划分是一个比较模糊渐变的过程。

此外，地质学家章鸿钊先生还将玉分为软玉和硬玉。翡翠属于硬玉，和田玉及其他硬度更低的玉，比如岫岩玉，都是软玉。这是中国玉的一个基本概念。

下页图一是一个清代乾隆年间仿古瓷的玉羊首耳瓶，尽管造型是清代的，但是从纹样和形态上看，还是在追古代的造型。

图二是一块宫廷制作的和田白玉，是乾隆时期的仿古器，这种花觚的造型是商周时期最为流行的，还加了活环，表明了时代工艺的进步。

清乾隆　玉羊首耳瓶
高 27 厘米　故宫博物院藏

清乾隆　玉龙耳活环觚
高 33 厘米　故宫博物院藏

清代　翠雕双獾佩
长 4.8 厘米　首都博物馆藏

红山文化　玉鸮
长 4.2 厘米　内蒙古自治区巴林右旗文物馆藏

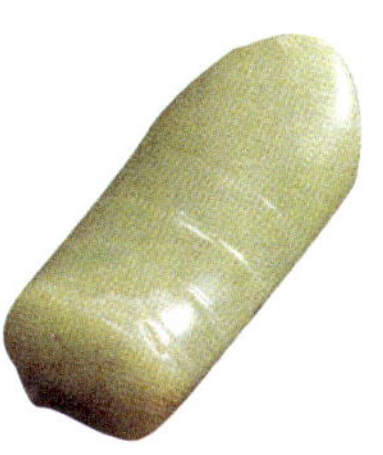

红山文化　玉蚕
左长 9 厘米，右长 7.5 厘米　内蒙古自治区巴林右旗文物馆藏

一 | 二
三 | 四
五

图三是一块清代中期的翡翠挂坠，可以随身佩戴。现代人追求翡翠的颜色，但乾隆以前对翡翠的认知度比较低，人们不认可太艳丽跳脱的颜色，所以颜色鲜艳的翡翠、碧玺，在清乾隆以前都不太流行，一直到了清代晚期慈禧太后当政以后，由于她个人的爱好，翡翠和碧玺这一类鲜艳的矿物质才到达了巅峰状态。

图四是一个玉鸮，也就是鹰的简化造型，非常抽象。

图五是红山文化中常见的蚕蛹造型。中国是使用丝绸最早的国家，从这样的造型中，可以看出人们与桑蚕之间的紧密关系。

2. 妇好墓中共出土了多少件玉器？

马未都评：目前为止出土的商代玉器中，数量最为确切的当属妇好墓。新中国成立以来，研究人员对妇好墓进行过几次挖掘，每次都成果颇丰，共出土了 1 928 件文物，其中玉器 755 件，占总数的 40%。其他还出土了不少青铜、骨质文物等。玉器占比最大，体现了当时玉器在墓葬中的重要性。

商代晚期　腰配宽柄器玉人
高 7 厘米　中国社会科学院考古研究所藏

在755件玉器中，有500多件都带孔，说明这些玉都是可以佩戴的，体现了当时人的精神追求。远古人类还在狩猎时期，身上并不佩戴玉器。当人们有了佩戴的概念，尤其是将比较大的玉器佩戴在身上的时候，表明了人们对玉文化的热爱和追求。在3 000多年前的妇好墓，能够有数量如此庞大的玉器，是非常不得了的事情。

商代的玉器文化已经非常成熟，很多礼制也已经形成。现今存世的商代玉器，大部分都是商代晚期的。

这件腰配宽柄器玉人是妇好墓出土的文物，它的左侧插了一个柄形器，有可能是兵器，也有可能是占卜所用，相关专家还无定论。从玉人跽坐的方式，可以看出中华民族的早期文明。它是跪坐在地上的，臀部坐在两足之上，用两足的脚后跟顶住臀部，这是古代最正规、最贵的坐姿。同时，玉人的两手往前垂放。这件玉器价值连城，这种完整的圆雕的工艺水准，以及玉人身上的纹饰，都能准确地反映出那个时代的成就。这是那个时代玉器所达到的高度。

左图这件俏色的玉鳖，也出自妇好墓。人们以前错误地认为，俏色是到了明清时期才开始大量应用的，殊不知在商代晚期就已经有俏色了。这是一个鳖的造型，俗称王八、甲鱼，鳖背上是深绿色的盖子。这块玉本身就带一块绿色的玉皮，当时的工匠就利用了这块玉皮，做了一个鳖

商代晚期　俏色玉鳖
长4厘米　中国社会科学院考古研究所藏

殷商　玉象
长6.5厘米　中国社会科学院考古研究所藏

形，这是利用俏色做玉器的最早的例证，推翻了人们过去对俏色工艺的认知。

上页右图这件玉象也是妇好墓里出土的。这只象造型很萌、很可爱，体现出早期人类对动物的理解，现代已很难看到这样的造型。它让人觉得亲近，是古人童心的体现，也是商周时期玉器文化的一种例证。

3. 周朝共享国祚多少年？

马未都评：在中国已知的历史中，周朝存续的时间最长，有790年的历史。《三字经》中说“周武王，始诛纣。八百载，最长久”，这里说的是约数。

在周代之前，夏代存续400多年，商代享国祚500多年。周代分为东周和西周，共有将近800年。平王东迁后，周代的都城由长安迁到了洛阳。东周又分春秋和战国两个时期，春秋战国是中国历史上非常重要的时期，礼制和文字的形式在这一阶段彻底完成。

东周时期经历了春秋五霸到战国七雄，是一个动荡的时期，诸侯国各具强势，互不服输，体现了当时的民族心理。礼制的形成是用来规范这种强势的，通过玉器这种具体的器物来体现。

西周早期　玉璧
直径3.3厘米
山东省济阳县博物馆藏

西周早期　玉琮
高7.6厘米
西安市文物局藏

西周早期　玉璋
长 56.1 厘米　四川省博物馆藏

西周　玉龙纹璜
长 13.6 厘米　故宫博物院藏

《周礼》中记载，“以玉作六器，以礼天地四方，以苍璧礼天，以黄琮礼地，以青圭礼东方，以赤璋礼南方，以白琥礼西方，以玄璜礼北方”，对玉器的礼制作用记录得非常清晰。

古玩门诊

古玩一

清乾隆　霁红玉壶春瓶

这是一个玉壶春瓶，造型比元代丰满了很多，底款写着“乾隆”二字。乾隆时期是中国瓷器造型最为成熟的时期。

瓶的圈足有一点儿外撇，抚摸时给人一种很舒服的感觉。它的重心偏下，非常稳。瓶的颜色非常鲜艳，与常见的瓷器不一样，整个釉面如同很嫩的橘子皮，是典型的橘皮釉。橘皮釉是清代鼎盛时期，也就是雍正、乾隆时期在单色釉上，尤其红釉上最容易呈现的。

这件瓷器是乾隆官窑的霁红玉壶春瓶，美中不足的一点是它的颜色稍欠火候，如果在烧造当中再提高一点儿温度，就会变得更鲜艳。但这种收敛的颜色也有很多人喜欢，有点儿类似于磨砂，将鲜艳的颜色压下去，是一种含蓄的美丽。

这件玉壶春瓶的圈足和釉面都做得很精细，口上的一圈白是烧造中不可避免的，灯草边的托口做得非常漂亮。它的器型周正，收敛的颜色有一种语言无法形容的美感，这就是瓷器的魅力。

古玩二

清初　和田玉雕麒麟送子挂件

这是一个可随身佩戴的和田玉挂件，俗称“玉坠”，现代人称“手把件”，雕工精美细致。它的图案很世俗，在卧着的麒麟上面趴着一个小孩，小孩上面还有一个灵芝。

“麒麟送子”是古代流传最广的吉祥语之一，人要子嗣延续，结婚以后马上就要生孩子，所以这种挂件经常是作为礼物赠送。明清两代非常流行这种玉雕，瓷器中也有很多绘这种图案的。

这件玉坠是清代初年的，距今有350年上下。麒麟雕刻得比较肥硕，不够矫健，但这种造型正是那个时代的特征，也是由玉料决定的。对于这么大一块玉料，古代工匠都会本着“良玉不雕”的理念，尽可能地少雕，甚至不雕。因为玉材价值很高，如果把它雕得过于镂空，就是很大的浪费。

这个麒麟呈卧姿，如果雕刻成站起来的，就要去掉很多玉，玉件的尺度就会变得比较小，不合算。麒麟保持卧姿，回头正好与身上的小孩有交流。

古玩三

清中期　狮子形压石

这是一个压石，分量比较重，有使用过的痕迹，并且有包浆。在过去的山西民间，压石是日常用品，造型通常有人物、动物以及植物，还有各种复杂图案的，每个都不同，非常生动。

压石大致有两种功能，其一是妇女做针线活时，用来压制鞋底等手工品的，防止变形，这是它的基本功能。压石的另一个功能，是用来拴住孩子。当时北方居民都使用大炕，小孩在半岁以后刚会爬还不会走的时候，为了防止孩子从炕上掉下来，就将孩子用绳子拴在压石上。

这件压石是清代中期的，这从它的狮子形态可以判断出来。此外，狮子是瑞兽，也可以起到辟邪的作用。它的功能很多，也有人用它来辅助制作大缸腌菜。

压石属于一种民俗文物，中国人不是太重视，很多都被当成一般性的陈设品、工艺品卖到了海外。欧洲人虽然不懂它的作用，却很喜欢亲近这种文化。

以玉比德战汉玉

当今社会，佩戴和收藏玉器的人越来越多，这是一种怡情养性、不断提升品位的文化活动。

从近几十年来的考古挖掘和对玉器的研究成果，可以看到从新石器时代起，红山文化、良渚文化等玉器文化是第一个高峰。

从商代后期开始，是玉器发展的第二个高峰。这两次发展高峰，我们在前一篇中已有介绍。而第三次高峰，发生在战国到西汉时期，这一时期的玉器不仅品种繁多，数量也非常大，从工艺角度上讲，也达到了前人无法企及的高度。

周代的礼制已经十分完备，因此战国的玉器在精神层面的追求要比原来更进一步。由新石器时期最初的神玉文化（通过玉跟神灵沟通），过渡到了商周，然后东周开始形成礼玉文化，玉器一直与礼制息息相关。到了汉代，德玉文化形成，最早提出这个概念的是孔子。孔子提出“玉德”概念，说玉是有德的，赋予了玉人性化的描述，然后从玉有十一德，到九德、七德，最后在汉代形成定制。汉代人认为玉有五德，即仁义智勇洁，这是一种拟人化的德行，不仅仅指代玉的德行，而且拿人比玉、拿玉比德，这是每个人在社会生活中应该有的一种行为准则。这五德也是生活中应该遵循的规范，没有这种规范，就没有有效的礼制，国家将陷入长时期的混乱。此后“玉有五德”的说法一直延续到今天。

下页上图是一对西汉的玉，她们的裙裾非常漂亮，从侧面能看到裙裾向后拖地，十分优雅。我们通过这样一对小玉俑，能够体会到汉代宫廷优雅的生活。尽管玉器个头很小，但从玉俑的姿态上，可以看到礼制

汉代　玉俑（对）
高 3.8 厘米　观复博物馆藏

的完善。在汉代，鉴于当时的国力和材料的来源以及工艺，玉器都不可能做得太大。玉俑的雕工非常好，上面有一块沁色，这原本是一块石皮，工匠于是利用这块皮做成发箍，十分有意思。

这是一块西汉年间的青玉璧，尺寸非常大，十分稀少，它的直径超过 30 厘米。玉璧有很多种，一般有两层纹饰，而这件玉璧有三层纹饰，最外层是饕餮纹，中间是蒲纹，像蒲席一样，最里层又是饕餮纹。

西汉　青玉雕蟠螭蒲纹璧
直径 29.5 厘米　观复博物馆藏

这种大玉璧，现在可以用机械加工出更大更精致的，但在古代没有机械的情况下，全靠人工，将这么大的一块玉璧做出来，是十分辛苦的事情。

中国人保护自己文物的意识不够强，因此几千年来留下的器物非常少，现今能触摸到这种文物的机会也非常少。战国到汉代是中国玉器文化的第三个高峰期，一些玉器经过 2 000 多年依然能够保留到今天，体现了中国文化的魅力与穿透力。

1.“战国七雄”指的是哪七个诸侯国？

马未都评：战国到汉代，中国由分裂走向了统一。战国七雄是齐、楚、燕、韩、赵、魏、秦，秦灭六国的顺序是韩、赵、魏、楚、燕、齐。秦始皇统一中国后，给中国带来了一派新气象，“书同文，车同轨”，统一各种制度。“书同文”的好处是，2 000多年来，尽管各个地域间人们语言不同，依然可以用文字沟通。今天我们享受文字带来的荣华和便利，正是因为秦始皇当年让所有在秦国统一范围之内的人书写同一种文字，都以李斯发明的小篆为准。

“天下大势，分久必合，合久必分”，这是中国的整体态势。汉代以后，三国、两晋、南北朝分裂，隋唐统一，五代十国又分裂，宋代又统一……中国人在分分合合之中，依赖的是自己的文化与汉字。正是因为拥有汉字，中国人才能进行如此便捷有效、优美的沟通，这从根源上归功于秦朝定下的文字制度。

从战国到汉代，玉器在形制上有明显的变化，特别是在动物形象上。动物的变化有一个典型的特征，就是它的扭动幅度变得非常大，比如龙、螭虎，这些动物都呈S形，非常灵动。

春秋晚期的玉龙形佩，身上虽然也有云纹，但是龙整体

春秋晚期　玉龙形佩
长 11 厘米　安徽省博物馆藏

战国晚期　玉镂空龙形佩
高 11.5 厘米　安徽省博物馆藏

西汉　玉仙人奔马
长 8.9 厘米　陕西省咸阳市博物馆藏

上呈直线。战国时期的龙就已经成为大的S形，身体的扭动非常清晰。

这是一个玉马，它与汉代的奔马有所不同。汉代的奔马都是动态的，而这匹马是静态的，在战国早期玉器里非常少见，器型很浑厚。

2. 秦昭王愿意用多少座城池换取“和氏璧”？

马未都评：和氏璧是中国重要的国宝，至今下落不明，从战国时期它就非常有名。秦昭王用了15座城池来换和氏璧，据《史记·廉颇蔺相如列传》中记载：“赵惠文王时，得楚和氏璧。秦昭王闻之，使人遗赵王书，愿以十五城请易璧……”可见这块玉璧在秦昭王心目中有多重要。

璧是圆形的，中间有一个孔，专业术语叫“好”，玉璧上有地子的地方叫“肉”。一般来说肉倍于好，也就是地子比孔明显大一倍以上的，就叫璧。

下页图一是齐家文化的玉璧，只剩一半的璧，严格来说应该叫“瑗”。

下页图二是良渚文化的玉璧，可以非常清晰地看到，它的肉倍于好。

下页图三也是良渚玉璧，良渚玉璧的孔一般都比较小。

下页图四是战国早期的玉璧，孔变得比较大。

下页图五是西汉开始出现的新型璧，称为出廓璧。出廓也叫出郭，在两汉最为流行，品种很丰富。这种璧的尺寸一般都比较大，从工艺角度上讲，制作起来远比圆璧要难很多，使用的料也很大，由此可见西汉早期达到了一个制玉的高峰。

下页图六是东汉时期的出廓璧，它的乳钉纹凸起得非常均匀、优美，这种璧只在汉朝独有。

齐家文化　残璧
直径 8.7 厘米
甘肃省博物馆藏

战国早期　玉璧
直径 7.6 厘米
河南省文物研究所藏

良渚文化　玉璧
直径 26.2 厘米
浙江省文物鉴定委员会藏

良渚文化　玉璧
直径 23 厘米，孔径 5.6 厘米
上海市文物管理委员会藏

西汉早期　玉镂雕双螭龙纹谷璧
通高 25.9 厘米
河北省文物研究所藏

东汉　玉龙螭乳丁纹璧
高 30 厘米
河北省定县博物馆藏

一	二
三	四
五	六

3. 中山靖王刘胜的“金缕玉衣”共由多少玉片组成？

马未都评：汉代有很多玉器新品种出现，这一点从出土文物中可以看到。比如金缕玉衣，是汉代独有的玉器。玉衣也称玉匣、玉柙，是汉代皇帝及高级贵族死后穿的葬服，外观与人体形状相同。河北满城汉墓中山靖王刘胜的墓里出土了金缕玉衣，在当时就轰动了全国乃至全世界。

刘胜的金缕玉衣共用玉片 2 498 片，金丝重 1 100 克。当时距刘胜墓不远处，又出土了他妻子窦绾的金缕玉衣，用玉片 2 160 片，金丝重 700 克。

汉代人使用金缕玉衣，是为了使尸身不朽。汉代对玉文化的认知达到了一个新高度，认为人死了以后一定要佩玉，根据人的等级，来选择死后陪葬的玉器。常见的有玉塞、九窍塞等，九窍塞包括双耳、双眼、鼻孔、嘴七窍，再加上排泄的地方和生殖的地方。

西汉中期　刘胜金缕玉衣
通长 1.88 米　河北省博物馆藏

西汉中期　窦绾金缕玉衣
通长 1.72 米　河北省博物馆藏

下边是一个西周时期的玉覆面，它已初具金缕玉衣的雏形。当时这些玉缝在一块布上，盖在逝者的脸上，可以清晰地看到五官的位置都有玉窍塞。还会在逝者嘴里放上玉蝉。古人认为蝉是高洁的，它们引吭高歌，品格高洁。逝者嘴里含着蝉，也寓意再生，因为蝉是从地底下爬出来的。

最下边是一对是玉握，是放在手里的，一手握着一只玉猪，代表财富。

西周　玉覆面
山西省考古研究所藏

东汉　玉琀
长 5.9 厘米　安徽省博物馆藏

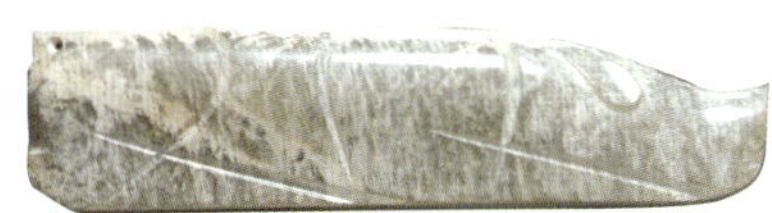

汉代　青玉猪形握
长 10.9 厘米　观复博物馆藏

古玩门诊

古玩一

清乾隆　螭虎云雷纹玉佩

这是一个玉佩，是清代乾隆年间的仿古作品。从背面看是玉璧形，正面趴着两只螭虎，螭虎已超出了玉璧的范围。玉璧是模仿战国到汉代时期的样式去做的，上面的云雷纹和螭虎，也是按照当时的风格制造的。但是当时的东西不会这样组合，尽管背面和正面的纹饰都是战国到西汉时期的典型纹饰。

这件东西玉质很好，有一点绺裂，距今有200多年了。这种玉器在清代非常流行，因为乾隆以后，打通了通往和田地区的道路，玉料可以源源不断地运到内地来，到达苏州、北京，由内地的工匠制作，这时候的玉质都比较白。而明代的玉，尤其明代后期，玉质没有这么白。

古玩二

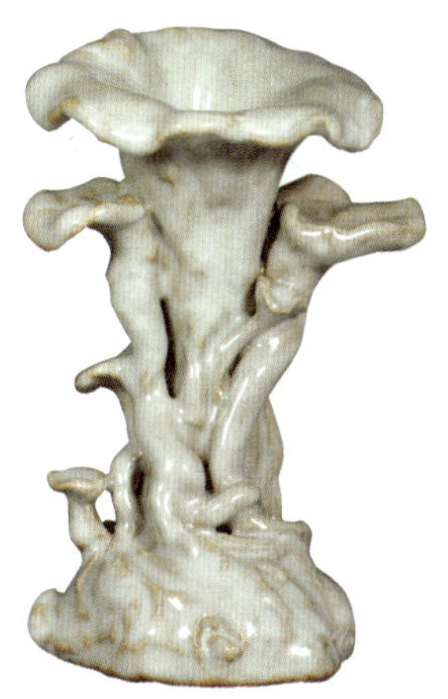

清乾隆　仿宋代官釉灵芝形花插

下页是一个瓷质小花插，远观有点儿像玉器。它采用灵芝的造型，上端呈喇叭花状，用来插花，不插花的时候是一个摆设，这是一种很雅致的追求。底部印有“大清乾隆年制”，这是乾隆时期的摹古作品，仿的是宋代的官釉。

宋代官窑的釉色是灰青色、油灰色，这种花插的造型更流行于雍正时期，雍正时期仿的官釉是最好的，由此可以判定，这个花插是乾隆最早期的，带有非常明显的雍正时期特征。它是一件宫廷用品，来自官窑，作为案头陈设使用。

灵芝在中国人心目中有两层含义：第一，长寿，有“灵仙祝寿”一说；第二，聪明，“灵”是指机灵、聪明。这个小花插放在书房案头，平时是一景，偶尔插一枝花，很讲究，很优雅。

清代的知识分子以宋人的文化高度和文化修养作为追求的目标，因此清人摹古、追求宋代的风格是很正常的，这个花插也确实有摹宋的感觉。

古玩三

清晚期　药沉香手串

这是一个药沉香手串，俗称“十八子”，主要的珠子有十八颗。节珠都是翡翠的，尽管翠色不够绿，但也很漂亮。坠在下面的盘肠是温都里纳石，俗称“金星玻璃”。乾隆皇帝很喜欢金星玻璃，当时中国人不能生产，它是舶来品。

手串的主要珠子有很浓重的药香，古时候叫药沉，也就是药沉香。药沉是从大量的中药中精选、淘制，最后挤压成形的，具体药用价值并不清楚，但佩戴它可以提神，在人过于兴奋时，又可以安神。

这串手串并不多见，十分难得，至少有百年的历史。这样的手串在北方地区比较容易保存，而在南方地区，如果长时间不打理，由于内部湿气太重，就会粉化损毁。

世俗需求唐宋玉

中国人自古就崇尚玉文化。到了唐宋时期，受当时社会文化的影响，玉器又有了新的特点和变化。唐宋两朝是中国封建社会非常繁荣的时期，特别是在文化领域，取得了辉煌的成就。

商周和战汉时期的玉文化，是从礼玉到德玉文化的过程。经历了三国、两晋、南北朝的社会动荡以后，到了隋唐时期，社会逐渐趋于稳定，玉器发展达到了另一次高峰，逐渐向民间扩散。由此，玉器从为礼制服务转而逐渐在民间流行。

唐宋时期的玉器，不再迎合礼制文化的要求，而更多地满足世俗文化的需求，出现了很多手把件，具有赏玩的功能。唐代文化风格热情奔放，宋代则细腻婉约，但都赋予了玉器文化新的变化和特点。当时玉器的做工也更加讲究，社会用途也更加广泛，更具备了玩赏性、实用性和装饰性。

这是一个玉犬，犬在六畜（猪、牛、羊、马、鸡、犬）当中位列最后一席，在古代农业社会中占有重要地位。犬在历朝历代都有形象塑造，

宋代　白玉卧犬
长 7.5 厘米　观复博物馆藏

宋代　透雕对舞飞天玉佩
长 10.1 厘米　观复博物馆藏

这只玉犬是宋代的，姿态很祥和，它匍匐在地，双爪上举，意在对人讨好，是一种卖萌的姿态。宋代是一个生活质量非常高的时代。玉犬表明了当时人们企盼和平、祥和生活的愿望。

唐宋以后，玉器逐渐深入民间，因为在汉以前这类玉器几乎看不见，即便有动物形象，也与这种玉器截然不同，常有礼制的印记，这种手把件更多地寄托了一种民间情感。

上图是一个飞天玉佩。中国人对飞天的形象都非常熟悉，敦煌近500 个洞窟里，大约有 4 500 个飞天，她们在天空飞舞。飞天一般画两个，分别为歌神和舞神，佛教认为天有 33 层，能飞上去的全都是神仙。中国人在唐朝极具浪漫情调，这一点从飞天上就可以看出来。

这是一块非常精美的玉佩，尽管飞天的体态已经变得比较丰腴，但她们依然在飞，传达着美好的情感。

敦煌莫高窟第 172 窟　盛唐飞天

1. 玉带板在唐代至少是哪个品级的官员才能够佩戴的?

马未都评:唐代有种比较新型的玉器,叫玉带板。唐、宋、元、明四个朝代中,官阶是用带板来体现的。在唐代,玉带板有着非常严格的等级规定,三品以上才可以佩戴。带板也叫带銙,据《新唐书·舆服志》记载:"其后以紫为三品之服,金玉带,銙十三。绯为四品之服,金带,銙十一。"三品官员佩戴十三块带板,官阶往下,带板的数量依次减少。四品、五品官都是金带,六品、七品是银带,再向下,就是铜、铁等其他材料的带板了。

另外,唐代的车马使用也是有等级制度的。现今也是如此,政府规定,不同等级的官员坐不同排量的车,并限制最高排量,与古代的舆服制度相似。

唐代规定三品以上才可以佩戴金和玉的腰带(带銙),这有实物可证。

下页图一是唐代琵琶胡人的带銙,玉带板上雕刻的通常是一组乐俑。图二是唐代最高等级的带銙,铊尾和前面的带扣不算的话,整整十三块,它出土于陕西西安何家村。图三是一件花玉的带饰,去掉两边的两块玉后,同样是十三块玉带板,也是最高等级的。图四是何家村出土的玉臂环,由此可见当时生活的富足,其中的连接部分都是纯金的,唐代的妇女对上臂的装饰非常讲究。

明后期　糖色玉鹅

玉鹅，它的脖子就是朝前的，而这只玉鹅回头了。这种状态的玉器，一般都是明清之际的，带有宋代的特征，这就是人们常说的“宋明不分”。宋代和明代有很多文物，状态非常接近，很难区分。而元代是蒙古民族统治中国，其文化与汉文化有一定差距。到了现代，人们已对“宋明不分”这个问题有所研究，再加上出土的大量标形物，宋明已经可以区分了。

这件玉鹅是明代后期的，反映了当时中国人的一种生活状态。动物形的玉件大多数都是回头状，而不是向前看，这是明朝后期的显著特点，距今 400 多年。从造型上讲，这个时期的玉器更流行回头状。

金漠银水辽金元

辽、金、元是少数民族建立的政权，这个时期玉器的最大特色就是具有草原风情。这三朝依次出现在中国中古历史上，曾经为中华民族的文化建设和经济建设做出过巨大的贡献。今天回过头来看这段历史，会发现游牧民族与汉民族这种农耕民族之间千丝万缕的联系。

这是一件金代的玉老虎，背后是秋叶。它利用玉器的皮色，把秋天时很安逸的猛虎塑造得非常温情。辽、金、元三朝的玉器题材中，狩猎是刻画的主题，因为他们是游牧民族，要靠打猎给生活提供大量的给养，比如肉类的来源大多是通过狩猎获得的，而农耕民族是靠饲养达成的。这是金代非常典型的玉器，题材叫“秋山”，也就是秋天的山林，背面是一个圆环，也很漂亮。

金代　白玉巧雕双虎纹秋山佩
直径 5.8 厘米　观复博物馆藏

金代　旧玉透雕迦楼罗佩
长 5.8 厘米　观复博物馆藏

这是一只金代的大鹏金翅鸟，专业名字叫迦楼罗，它与常见的鸟是不一样的，带有极强的宗教含义。辽代、金代和元代都崇尚过佛教文化。玉佩背面有一个很难辨识的符号，叫朗久旺丹，寓意非常吉祥。

辽、金、元三朝在中国中古历史上非常重要，他们不断刺激农耕民族，以至于我们现今的生活中，除了延续传统的农耕文化以外，还受到游牧文化的影响。比如今天中国人能够团团圆圆地围在一张桌子上吃饭，采用共餐制，这种饮食习惯就是从游牧民族那里传承下来的，也使今天人们的生活变得其乐融融。

观复学堂

1.辽代历时多久？

马未都评：辽代在中国历史上非常重要，辽政权的建立时间甚至早于北宋，它的版图也更大。但是 1125 年辽国被金国灭掉了，当时的历史由宋人来写，宋人就把自己写得非常好，把辽国的历史写得非常不堪。

辽代于公元 907 年建国，也就是五代十国的第一年，号契丹，到 1125 年灭亡，历时 218 年。辽与北宋、西夏形成三足鼎立的局面，有学者认为这是中国的后三国时代。

辽、金五京图

辽的版图比较大，实行了五京制，今天的赤峰林东镇是上京，今天的北京为南京，大同是西京，东北的辽阳是东京，内蒙古宁城县是它的中京。在古代通信不发达的情况下，国家设立几个次一级的行政中枢来治理辽阔的疆域，这对统治是有好处的。所以五京制对后来的金国也有很大影响，金国也实行五京制。

辽代玉器的典型特征是与其游牧民族的性格相关的，此后的金国和蒙古，也都与其生活习俗有关。但辽国非常喜欢汉文化，学习了很多汉族的文化特征。在辽代的瓷器中，有很多内容是其独有的，比如臂鞲（左下图），是用来架鹰的，这是汉族人没有的。但是辽代也有很多玉器，与汉族的区别不大，比如带板。

过去一直认为，“秋山春水”这种题材的玉器在辽国应该是非常流行的，但是到目前为止出土的器物中还没有找到。大量的秋山春水玉都出土于金代墓葬，由此可见辽国对金国还是有很大影响的。

辽开泰七年　玉臂鞲
长 9 厘米　内蒙古文物考古研究所藏

辽代　玉鱼龙佩
长 7.2 厘米　台北“故宫博物院”藏

宋辽　玉龙纹盘
口径 26.2 厘米　台北“故宫博物院”藏

辽代　蟠龙纹铜镜
直径 28 厘米　内蒙古文物考古研究所藏

上页右下图是一件玉鱼龙佩，它是摩羯鱼，也就是后半身是鱼、前半身是龙，还带有翅膀，收藏于台北“故宫博物院”，产生于宋辽时期。从龙纹上讲，它非常接近辽代出土的文物，1992 年在赤峰市辽代耶律羽之墓里出土了很多文物，比如这件蟠龙纹铜镜，上面的龙纹形象都与它非常接近。

2. 金代的贵族在山中打猎，视哪种动物为国家兴盛的象征?

马未都评：金人骁勇善战，对打猎有着极大的兴趣。女真族发源于白山黑水之间，他们对凶猛的动物很有兴趣，特别是老虎。

金代　磁州窑白地黑花虎枕
长 39 厘米　上海博物馆藏

金代皇帝打猎，在《金史》中有多次记载，皇帝打猎有时候会一次出行几个月，有时候会短途出行。打猎是金代的皇族和贵族们生活中非常重要的内容，平时通过打猎来锻炼自己的体格、耐力、胆量，战争中才能够上战场。当年有一个宋使出使金朝的时候，完颜阿骨打就告诉他一个秘密，说自己最大的乐趣就是打猎。这传达了金人尚武的精神，是在向宋示威。金人视虎为吉祥物，有“龙床虎枕”之说，所以陶瓷的虎型枕头基本上都是金代的。

金代的玉器跟辽代区别不大，但玉质要比辽代更好一些，所表现的内容也更和缓。

辽金　玉虎纹带饰

金代　玉秋山饰
高 6.5 厘米　故宫博物院藏

一 二
三 四

金代　秋山玉佩
长 3.4 厘米　台北“故宫博物院”藏

金代　春水玉饰
宽 8 厘米　故宫博物院藏

上页图一是辽金时代的带板，上面的老虎状态很安逸。

图二是金代典型的秋山佩，老虎回首看着在林中奔跑的两只鹿；另一面上有鹰，鹰也是游牧民族所喜爱的动物。

图三是一个金代的玉佩，上面有一头鹿，还有典型的金代秋叶。

图四是春水玉，上有海东青和天鹅。海东青象征着金人，而鹰下面的天鹅，以游牧民族的心理来看，就是汉族人。辽金时期，包括后来的蒙古民族，都非常喜欢海东青猎获天鹅的场面，将其作为文化的图腾和象征。

3. 忽必烈与成吉思汗是什么关系？

马未都评：元朝的第一位皇帝叫成吉思汗，忽必烈是成吉思汗的孙子，最终定都在北京。在蒙古语中，“成吉思汗”有“强大”和“海洋”的意思。12 世纪末到 13 世纪初，成吉思汗统一了蒙古的各部，1206 年，他被推选成为大汗。

忽必烈跟北京有很大的关系，他于至元元年（1264 年）进入北京，1271 年改国号为元，定都大都，也就是北京。忽必烈仿照汉制，制定了从官方到民间的各种制度，也兴修水利等，努力向汉文化靠拢。

但蒙古族毕竟是中国所有的民族之中最纯正的游牧民族，对扩张版图极感兴趣，所以蒙古人往西一直打到了欧洲，当时元朝的整个版图比

元代　渎山大玉海
长 182 厘米　北京团城玉厅

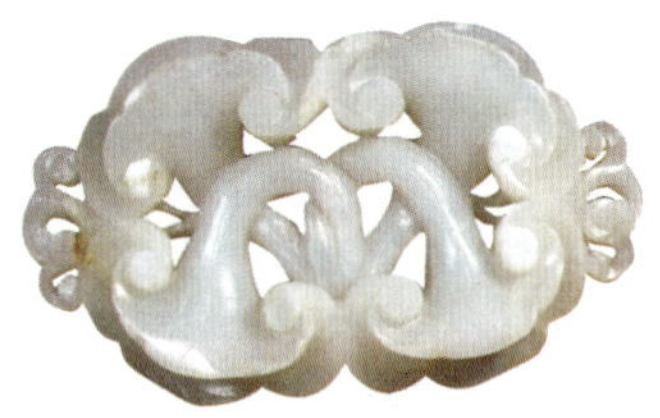

元代　玉凌霄花嵌饰
长 12.8 厘米　首都博物馆藏

元代　白玉双立人耳礼乐杯
通耳高 7.2 厘米　故宫博物院藏

元代　玉龙纹活环尊
高 22.9 厘米　故宫博物院藏

今天要大很多。有学者认为，中国能成为一个大一统的国家，与元朝的拓展疆域有直接关系。今天中国人身为大国之民，享受了很多大国带来的好处，国民得到国家的庇护。

元朝的玉器也呈现出一种很有气势的感觉，气势宏大，龙纹非常凶猛，玉器的体量也非常大。至今能找到最大的单独玉件，就是在北京团城的元代渎山大玉海。

图一是元代的凌霄花嵌饰，它呈现一种肥硕怒放的态势。图二是故宫博物院藏白玉双立人耳礼乐杯，整个杯上的人物都是乐俑，表现的是奏乐的景象。图三是北京故宫博物院藏的带有复古之风的双环玉龙纹活环尊，它是一个玉壶，其上的龙纹十分凶猛，具有杀伤力。

古玩门诊

古玩一

清晚期　富贵长春日本盘

这是一个日本盘子，它的颜色比较鲜艳，主色调是蓝色和朱红色，背面写着四个字“富贵长春”，是非常清晰的中国字。如今在日本到处都可以见到中国字，那些中国字有的与中文的含义有区别，比如日语里的“手纸”，其实是“信件”的意思。日语中一直在使用汉字，现在在日本的重要场合和地方，依然使用汉字，比如牌匾。

这件瓷器从颜色搭配和图案的感觉上讲，跟中国的瓷器有点儿区别。它是典型的日本瓷器，从底部工艺上讲，与中国工艺也有所不同。

一般情况下，中国人烧造这样的盘子，不会有支烧痕迹，但这件东西底部就有支烧痕迹。日本的瓷土远不如景德镇瓷土紧实，所以烧造时经常是塌心的。在这种情况下，工匠做了一个支钉烧，这是日本的特殊工艺。

这个盘子是很典型的日本瓷器，年份有100多年。明代晚期大量使用“富贵长春”的吉祥款，日本人很喜欢，所以到了清代晚期，日本人很愿意写这种寄托款。它是一个不算特殊的日本瓷器，在当时就是普通人家使用的餐具。

古玩二

明晚期　凤眼宣德炉

这是一个铜香炉，香炉有很多种，这种炉俗称“凤眼炉”，因为从侧面看，它很像凤凰的眼睛。这是比较常见的香炉样式之一，尺寸比一般的铜炉要大一点儿，分量很重，敲击时声音很清脆。香炉背后有字，中间是“大明宣德年制”，炉上还刻了另外八个字“信士徐瓒，率男经全”，这说明刻字的人名叫徐瓒，他是个信士，对佛教怀着非常虔诚的信仰，因此捐了一个香炉。“率男经全”，就是带着儿子的意思。当时捐一个香炉要花很多钱，因为它是用铜铸造的，而铜可以折合成货币。在秦以后，一直到清代，铜钱都是基本货币，在足金足两的情况下，个人也有权利铸造货币，因为当时货币都是按铜来计算的。

这样大的一个铜炉，它的重量与其对应的货币有直接关系。这个香炉大致是明代晚期的，它的红铜质地，也表明了是那个时期的产物。清代以后，香炉的颜色变得偏黄。现在喜欢焚香的人也很多，对铜炉的感情也很深。

古玩三

元代　复原钧窑碗

这是一个修复好的钧窑碗，具有典型的元代特征，它有乳突，也就是碗底中间一块突起。它的碗底很小，元代碗的碗底都很小，而宋代与明清的碗相对来说圈足都会比它大，这是因为蒙古是游牧民族，习惯单手拿碗。汉族人吃饭，碗要比较平稳地放在桌子上，如果底足太小，碗很容易倾覆。而游牧民族经常在马上用餐，底足小一些，就方便用手拿稳，因此元代很多钧窑碗都是这种造型。

这个碗从造型上讲也是元代的。钧窑有很多种釉色，从最浅的白色到最深的黑色，几乎每种颜色都有。从磕碰的地方看得很清楚，这个碗的胎是灰色的，下面有一层类似酱釉，我们由此断定它是元代的。

这类碗数量很大，在内蒙古的集宁路古城遗址，前些年出土了8 000多件瓷器，其中钧窑的瓷器最多。从釉色上讲，它不算烧得最完美的，虽然上面的蓝色很漂亮，但背面相对差些。尽管它有很多缺点，但毕竟能够为人们呈现元朝器物的风貌。

雅俗共赏明代玉

明朝是中国古代史上最后一个由汉人建立的大一统政权，明清两代加起来有 500 多年的历史。明代急于恢复宋代建立的社会制度和典章制度，明初百废待兴，经过洪武时期的治理，延续到永乐、宣德时期，呈现了明朝历史上的盛世景象。

永乐时期下西洋、修大典，都是盛世的标志，但是玉器生产并没有那么容易。明初的一些玉器，比如梁庄王墓出土的玉器，还是非常精美的，玉器制造水平很高，但是数量不够多。

明末，玉器数量相对比较多，与民间接触也增多了。中国的玉器发展经由神玉到礼玉，再到德玉，到了宋以后形成了一个新的文化，就是俗玉，晚明时期更是集中体现了俗玉文化。

明代　玉雕龙龟兽形洗
长 8.9 厘米　观复博物馆藏

上页是一个明代的水丞，呈兽型。过去对明代的器物有个概念，尤其古董行的老师傅们常说“粗大明”，这主要是指两点：第一，材料，这个水丞头部的玉质比较粗糙，不够细腻；第二，工艺，一般明代的东西做得不精细，因为玉石里本身有绺裂，做细了容易碎裂脱落。

这件水丞在明代玉器中已算非常细致了，在云纹上有很细的纹饰。从材料上讲，留下来的这部分是比较好的，上面的一片反而不好。制作时，将玉质不好的部位放在上面，是因为制作水丞要挖去很大的一块，而原石的石料上很可能有瑕疵，比如砂丁（玉器中石质比较硬的地方），此外也可能有绺裂。因此在设计水丞的时候，将不完美的地方都挖掉了。

这个水丞，像龟又像龙，它头部的玉质不好，比较粗糙，颜色也不好看。但制作玉器不可能面面俱到，所以将缺陷留在头部，相对来说还算是不错的。这是新疆的和田玉，玉质还不错，在明代的玉器中已经算是很好的了。

这是一个玉质的小老虎，身上包着一个包袱皮。包袱皮上有花纹，还打了一个蝴蝶结，非常漂亮。它是典型的明代玉质，不像清代的玉质那么洁白。从做工上看，它不强调过分细致，而是强调神态。

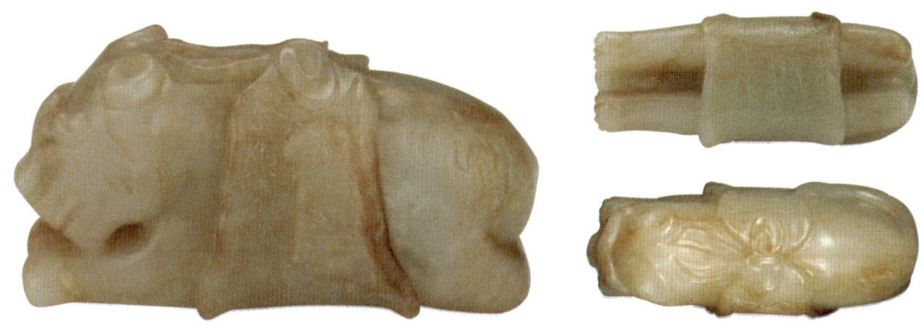

明代　玉雕裹包袱瑞兽
长 6.3 厘米　观复博物馆藏

从主题上看，包袱就是“包着福”，这种表达非常世俗。玉器文化的表达越来越“俗”，但这种“俗”表达出来并不庸俗，这是一种民间的情感，就是人们常说的“接地气”。

这个玉虎的器型不大，在虎的下颚处，有一个可穿绳的地方，这就是古代所说的玉坠，可以拿在手里把玩，它的尺寸刚刚适合手掌的大小。包袱包住一个老虎，表达了很多复杂的含义，在古代还有其他隐喻，虽然我们现在并不清楚，但这也体现了它的时代特点，明代是一个全民同乐的时代。

1. 明代的琢玉名匠陆子冈是哪里人？

马未都评：明朝晚期，中国的手工业非常发达，当时各个门类的手工业都出现了名匠。陆子冈是最著名的琢玉工匠，他生活于16世纪，在嘉靖、万历年间名扬天下。他是苏州人，据《苏州府志》记载："陆子冈，碾玉妙手，造水仙簪，玲珑奇巧，花茎如毫发。"《太仓州志》中记载："五十年前，州人有陆子冈者，用刀雕刻，遂擅绝。今所遗玉簪价，一枝值五十六金。子冈死，技亦不传。"

一方水土养一方人，江苏，尤其苏南地区，以苏州为中心，地域性格非常好，陆子冈就是这个地区的人。当时应该还有很多其他琢玉高手，只是因为中国工匠一般情况下不会

明代　白玉子冈杯
高 10.5 厘米　首都博物馆藏

明代 “子冈款”青玉婴戏图执壶
高 12.3 厘米　故宫博物院藏

留下名字，因此现今能够找到明朝末年有明文记载的名匠，大概就只有陆子冈一人。

这是一把子冈款的青玉婴戏图的执壶，从中可以看到陆子冈的制玉能力。这壶的雕工不如今天的雕工细，这是时代局限。但它不是完全以雕刻细致为主要目标的，因为明代的玉质普遍不好，无法追求精雕细刻。从纹样到造型看，它属于典型的明代晚期作品，符合陆子冈当年的风格。陆子冈的玉件真正风靡并不在明代，而是在清代。乾隆年间有大量的子冈牌子，署子冈款的方式很多，比如写“冈”或“刚”字款，在清代的玉佩上，如果有子冈款，基本上都是乾隆时期的，而不是明代的。

除了这把执壶上的落款方式，明代史籍记载还有白玉簪带子冈款的。但是我们基本能够判定，这把执壶上的子冈款更接近真实风格，而一些玉佩、玉牌子肯定离陆子冈的风格相去甚远。

2. 明代的玉带板一般有多少块？

马未都评：明代的玉器中，比较多的品种是玉带板，玉带板在每个时代数量都不同。中国人对玉的感情很深，汉代以前玉带钩很多，魏晋

战国中期　包金嵌玉银带钩
长 18.7 厘米　中国历史博物馆藏

唐代　斑玉带
陕西历史博物馆藏

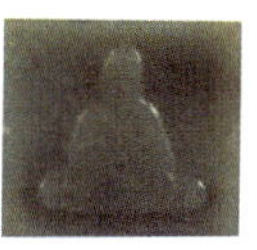
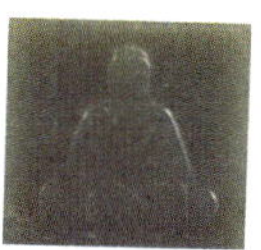

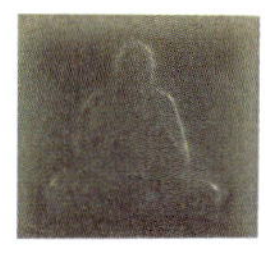

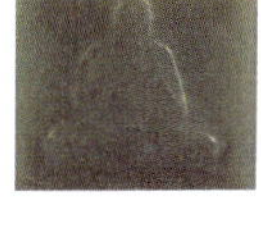

宋代　青玉池面人物带銙
江西省博物馆藏

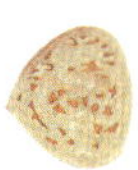

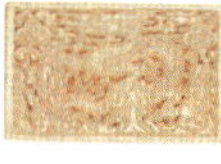

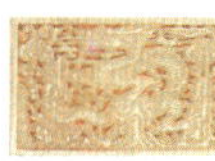

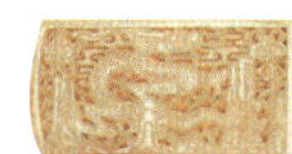

明早期　白玉镂螭盘龙带板
故宫博物院藏

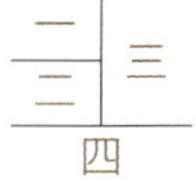

南北朝以后，玉带钩逐渐不再使用，而被玉带取代。到了隋唐，玉带板非常风行，一直延续到明代，明代的玉带板一般有 20 块。

上页图一是一个战国时期的玉带钩。图二是唐代的斑玉带。斑玉带的名称是唐代人拟定的，有 16 块玉，这组是在陕西何家村出土的。图三是宋代的玉带，它不够完整，无法证明当时有多少块。一般宋代的玉带有 13 块左右，到了明代以后，玉带就变得比较规范了。图四是明代早期的玉带，它的形制比较标准，矩形的有 8 块，桃形的有 6 块（桃形的带板一般是宋代才开始有的），还有 4 条比较窄的；另外有两块，一头是平的，一头是弧形的，叫铊尾，总计 20 块，是明代最常见的玉带。这种玉带扎于腰间，体现着官阶大小。

明代洪武二十六年（1393 年）明确规定了文武官员的公服腰带：一品用玉，二品用犀，三品、四品用金，五品用银钑花，六品、七品用银，八品、九品用乌角。

3. 明代宋应星的《天工开物》中记载："凡玉入中国，贵重用者尽出于阗、葱岭。"于阗、葱岭分别是今天哪里？

马未都评：于阗是古西域的地名，现今的新疆玉都来自和田，和田与于阗相邻，在于阗以东，古人认为于阗、和田是指同一个地方。葱岭位于帕米尔高原和昆仑山脉的喀喇昆仑山，也在新疆境内。

新疆玉料的开采历史悠久，至少有五六千年的历史。在古代交通不便利的情况下，将玉料从新疆的和田运入内地是非常困难的，即使在今天交通便利的条件下，去一趟新疆的和田也很困难，耗时很长，旅途非常辛苦。

古玩门诊

古玩一

清代　菊花玉杯

这个玉杯是赏玩用的，不是日常生活用品。它有两个活环，是用一块玉整挖的，从做工上讲非常麻烦，即使是使用现代的玉器做工去做都不算很容易。此外，这件玉器做得非常薄，完全透光，这是一种风格，专业的说法叫痕都斯坦式玉器。

这个玉杯的制作重点是两个耳，这是为了提拿。但这两个活环一不小心就容易破损，因此它是一个摆件。

这种玉往往都有一个问题，它的玉质不好，石性很重。玉本身是有光泽的，很温润，能透光，但是一旦石性夹杂其间，就不美观了。这种风格的玉器都做得比较薄，是为了将很多杂质去掉。而质地非常好的白玉，如果一点儿杂质都没有，一般情况下也不做这样的玉器。

这个玉杯是仿照花卉的做法，连底部都做得非常讲究，完全像一朵盛开的菊花，但风格并不像中国传统的菊花。中国菊花开花的时候一般都呈卷曲状，而这种菊花是一层一层开放的，它有西域风格，与中原地区风格迥异。

古玩二

清中期　点铜锡制净手盘

这是一个净手盘，有一个活的支架，支架可以并拢、折叠，打开后呈三角状。它的上面有字：第一行字是“培荆堂”，这是文人自拟的堂号；第二行是“净水”，净水是它的功能，是在宗教仪式中使用的，在盘中略沾些水，表示净手；第三行字是“羊城镜蓉轩”，这是盘子的字号。

最左边的字是“点铜”，但这件盘子跟铜一点儿关系都没有，它是锡制品，也可能含铅，因此外观比较黑。点铜是当时一种流行的说法。清朝的锡制品很发达，在康熙年间的锡制品上，有很多点铜的纹样，主要是为了美观。但后期因为国家的经济状况不好，不再进行点铜，但“点铜”的说法保留了下来。

从支架的龙形上，可以判断它大致是乾隆晚期到嘉庆道光年间的制品。

古玩三

唐代　黑釉三足炉

这是一个黑釉三足炉，与明清时候的香炉相比有一点不同，它的器型很饱满，非常大气。唐代这种造型的炉有很多，有青釉的，有白釉的，更多的是三彩的，黑釉的反而不是特别多，但它的烧制也并不容易。这个三足炉在唐代并不是当炉用的，有的书上将它当作釜，这是按照青铜的叫法命名的。

它是一个标准器：第一，它的造型是唐代典型的器型，在束径的位置上做得非常漂亮，呈圆弧状，摸起来十分舒服；第二，它的胎属于北方窑口，很有分量，胎很硬。

这种黑釉瓷器，社会对它的关注度不够，很难欣赏它的美丽。在瓷器的色泽中，白色是起点，黑是终点。黑色的一般很难表达美感，不招人喜欢。但是黑色又是最庄重的，在不同的场合，它都能够表现得很和谐，也具有很强的表达能力。

康熙年间的乌金釉，就是重新把黑色作为一种追求。在唐代的时候，对黑色的表达往往是一种对自然的追求。

登峰造极清代玉

清朝是中国历史上最后一个封建王朝，也是一个由少数民族建立的多民族国家政权，它既受到了汉文化的洗礼，同时也保留了本民族的文化特征。

清代的玉器延续了明代思想，尽管清代是由满族人统治的，但一直在向汉文化靠拢，其玉器所呈现的特点也基本上是汉文化的特点。与辽、金、元三代的玉器有很大不同，清代玉器的本民族特点并不突出。

清代的玉器发展分为三个阶段，呈现出两头低、中间高的态势。第一个阶段是清初期，也就是顺治到康熙年间，当时百废待兴，新疆的玉路还没有开通，玉器品质不是很好。第二个阶段是清代玉器最好的时期，也就是18世纪的康乾盛世，尤其是乾隆时期，通往新疆的玉路开通以后，制玉工艺在中国工艺历史上达到了登峰造极的地步，流传至今最精美的清代玉器都产生于这个时期。第三个阶段是清代后期，当时国力下降，经济发展也跟不上世界的潮流，玉器也不是太好。

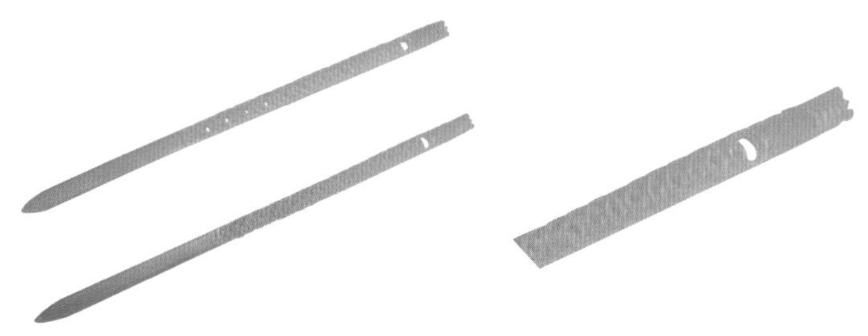

清代　青白玉透雕绦环纹书拨（对）
长27.7厘米　观复博物馆藏

上页是一对玉透雕绦环纹的书拨子，在日常生活中并不多见。它做得很薄，雕刻着一环套一环的连环圈，在底部还雕了一只虾，做得非常精致。

古代的书籍都是宣纸制成的，书页非常软，书本身又很大，不容易翻阅，因此古人看书的时候，就会很优雅地用书拨子来翻页。虽然翻得很慢，但这是古人追求的一种情调。书拨子有一头是尖的，便于插到纸张里拨动书页。它的纹饰是环状的，一环套一环，告诫人们读书要有持续不断的精神，环本身又有圆满的意思。

玉件尾部是一只虾，虾的身体是一节一节的，是希望人们在读书的时候持续不断，将书永远读下去，并且在知识水平上能够节节高。

这种书拨子能成对出现，而且玉质如此洁白，并不多见。这种文房玉器见证着逝去的文化，在当代已经没有书拨子了，但有它的替代物——书签，而书拨子本身也有书签的功能，夹在书页中，下一次可以续读。通过这件玉器，我们可以了解乾隆时期玉器的生产能力和当时社会的富足状态。

这是一个康熙年间的玉象，四平八稳，它有很强的政治含义，寓意“万象更新”。它的玉质是清初常用的青玉，玉料上有一些绺裂。所雕刻

清康熙　青玉象
长 14 厘米　观复博物馆藏

的大象非常生动，大象身上铺的毯子上雕有蝙蝠，表示“洪福齐天”。

清代的绘画和工艺品中，大象的形象出现得非常多，比如乾隆时期的《洗象图》，此外还有景泰蓝和陶瓷大象，以及玉器大象，一般都是这种形态，因为当时国家态势由低向高走，天天可以看到新气象。

今天也是这样，和平年代，没有战争。尽管在生活中有很多不如意的事情发生，但是国家总体上一直在进步，这种进步是全民族有目共睹的。

清乾隆　丁观鹏《洗象图》

清晚期　掐丝珐琅童子骑象摆件
高 33.5 厘米　观复博物馆藏

清代　德化窑象一对
长 11 厘米　观复博物馆藏

1.乾隆皇帝的儿子名字都和玉有关，他有多少个儿子？

清乾隆皇子					
排序	皇子		排序	皇子	
皇长子	永璜	定安亲王	皇十子	未命名	
皇次子	永琏	端慧太子	皇十一子	永瑆	成哲亲王
皇三子	永璋	循郡王	皇十二子	永璂	贝勒
皇四子	永珹	履端亲王	皇十三子	永璟	未封
皇五子	永琪	荣纯亲王	皇十四子	永璐	未封
皇六子	永瑢	质庄亲王	皇十五子	永琰	清仁宗·嘉庆帝
皇七子	永琮	哲亲王	皇十六子	未命名	
皇八子	永璇	仪慎亲王	皇十七子	永璘	庆僖亲王
皇九子	未命名				

马未都评：谈论清代的玉器不能不提到乾隆皇帝，乾隆对玉器很有感情，这种感情体现在他生活中的细节之处，比如他对皇子的命名。

乾隆皇帝一共生了17个儿子，每个儿子的名字都跟玉有关。皇长子叫永璜，璜是玉器的一种，呈半环形。皇三子叫永璋，古代有“弄璋之喜、弄瓦之喜”的说法，“弄璋之喜”是指生儿子，玉璋是中国早期一种玉器的特定名字。皇十一

西周　玉璜
长 16.6 厘米　故宫博物院藏

商代晚期至西周早期　玉璋
长 25.4 厘米　成都文物考古研究所藏

子，也就是成亲王，叫永瑆。清朝有四位书法大家合成“翁刘成铁”，“成”指的就是成亲王永瑆。皇十五子是嘉庆皇帝，他的本名叫永琰，但登基以后，因为永是常用字，民间避讳起来很麻烦，为了便利民间，他把“永”字改成了“颙”，这个字很少见，是“大”和“敬仰”的意思，琰是一种美玉。乾隆皇帝对所有儿子的起名都是斜玉边，可见他对玉的情感之深。

中国人对玉的情感是非常特殊的，不论是皇家，还是民间。全世界各大民族中，只有中国人对“美玉”这种石头有这么深厚的文化情结，一直持续了几千年。从古人将第一块美石放在手中开始，距今至少有 8 000 年，而有雕刻的玉文化，也有 5 000 年历史。

中国人在玉器文化上集结了很多民族情感。玉文化是中国最独特的文化，只在中国存在，其他民族没有。在汉语成语里，也有很多跟玉有关的，比如“金玉满堂”、“玉树临风”、“冰清玉洁”，而且凡是跟玉相关的词汇，都表达了美好的含义。

2. 乾隆皇帝所作的关于玉器的诗有多少篇?

马未都评：乾隆皇帝对玉器的深厚感情也表现在他的文艺创作上。他是个非常勤勉的皇帝，一生中做了四万多首诗，涉及很多题材，其中最多的是关于文物的诗，有书画的，也有玉器的。关于玉器的诗，他写了 800 首，占他全部诗歌总量的 2%，这个数目不小。

这是一件和田玉的单柄匜，是乾隆年间制作的，做工很可爱。从严格意义上讲，它也叫“觥”。乾隆为它写了一首诗：

和阗玉来多，巧制颇纷如。渐欲引之古，庶几返以初。
为匜肖周代，作器戒虚车。流鋬考二合，敦年介绍渚。
——乾隆丙申新正上澣御题

“和阗玉来多，巧制颇纷如”，是说工匠能把玉做成各种东西。“渐欲引之古，庶几返以初”，“引古”就是仿古，返回到古时的状态。“为匜肖周代”，“肖”就是惟妙惟肖，“为匜”说的是这件酒器像周代的器物。

乾隆皇帝号称“十仓老人”，他平定了西域、新疆、西藏等诸多边

清乾隆　和田玉单柄匜
长 15.5 厘米　故宫博物院藏

疆问题。边患问题解决后，新疆的玉路彻底畅通了，大量的玉料被运往内陆的苏州、扬州、北京等地，因此今天能看到流传下来的玉器中，以乾隆时期的为最多。

3.痕都斯坦位于今天的哪个国家?

马未都评：乾隆时期的玉器风格多样，很多风格带有很强的异域色彩，其中一种玉器的风格叫“痕都斯坦玉”。痕都斯坦位于今天的印度北部。这种极为特殊的玉器带有伊斯兰风格，被称为“回族玉器”，曾被呈献到清代皇宫中。痕都斯坦玉器非常薄，其工艺与中国的工艺完全不同。

下页图一这只碗是痕都斯坦玉器中的一类，镶嵌了红宝石，雕刻了很细的叶脉，这是典型的印度风格，在碗心也镶有一圈红宝石，还有嵌金。

图二这只大罐是一个花浇，属于水器，印度人用来装水，中国人用它浇花。

痕都斯坦玉器分为两类，一类是由痕都斯坦本地生产的，另一类是中国工匠仿制的，后者占很大部分。中国工匠非常聪明，在痕都斯坦风格的玉器中加入了中国的理念。在痕都斯坦玉器中，灰玉基本上都是痕都斯坦本地生产的，也就是印度的，而白玉、青玉的玉器，大部分则是中国工匠仿照痕都斯坦风格生产的。

在整个清代玉器中，痕都斯坦玉器只占其中一支，影响力非常有限，因为其工艺非常复杂，流传不广泛，一般只在宫廷中使用，民间很少见，仿制品不多。痕都斯坦玉器的典型特征是将玉器做得非常薄，因此玉料在制作中很容易受伤，比如制作一个玉碗，往往挖得很薄，如果到最后碎掉了，就十分可惜。所以为了保险，工匠挖到一定厚度就不再深入了。此外，痕都斯坦直接制作的玉，玉质普遍都不好，这也是它难以在民间流行起来的原因。

清乾隆　和田白玉错金嵌宝石碗
口径 14.1 厘米　故宫博物院藏

清乾隆　青灰玉嵌金丝大罐
高 13.9 厘米　台北“故宫博物院”藏

清乾隆　青玉金花盘
直径 20.7 厘米　台北“故宫博物院”藏

古玩门诊

古玩一

清乾隆　石榴花果玉摆件

这是一个石榴形的摆件，造型很漂亮，只一个大石榴，旁边有一个桃形。石榴的文化含义是多子，桃寓意多福，合起来象征多子多福。

这个摆件被掏成中空，可能具备一些功能，比如储水，可以把里面的水滴在砚台上研墨。但它也可能不是文房的直接用具，主要是用于观赏。

它的玉质非常油润，所用的玉料是一块籽料，如同鹅卵石，带有很漂亮的玉皮子和玉色，属于乾隆时期的东西。摆件的下方配了一个漂亮的托（底座），雕刻有荷花、荷叶和莲藕，藕是中空的，表示聪明，说明人很通达。所配的托时间晚于玉器。

这件玉摆件石榴花口的收缩做得很夸张，本来是一朵花，最后呈现一个果实的状态，风格很写实。这是乾隆年间玉器达到巅峰状态时的摆件，非常漂亮。

古玩二

元早期　梅子青龙泉窑八卦炉

这是一只龙泉窑八卦香炉，它的底足是凸起的，显示出元代的特征。八卦炉在元代非常流行，这只炉的颜色非常漂亮，与南宋时期的颜色很接近。从器型上看，这只八卦炉的形制也接近宋代，偏小、偏高；而到了元代以后，器型越做越大，越来越矮，所以这只炉应属于元代早期。它的八卦纹和凸起的坛部等特征更接近元代风格，而且表面的胎比较粗，在炉的中心，还有一块漏胎，这些都是当时比较流行的手法。这件八卦炉在元代的龙泉窑中算是比较精致的，它有三足，颜色是梅子青，梅子青也是龙泉窑中最好的色彩。

古玩三

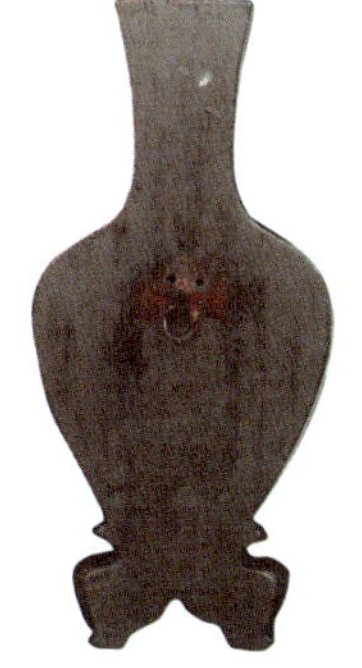

清乾隆　民窑花卉壁瓶

上页下图是乾隆时期非常流行的壁瓶，也叫轿瓶。古代皇帝或者有身份的人都非常讲究，轿瓶挂在轿子里，里面可以灌水，插上花，显得十分优雅。

壁瓶这种造型直到明代后期才开始出现，到了乾隆时期非常流行。故宫博物院乾隆的书房“三希堂”内，在一个不足10平方米的范围内，满墙都是壁瓶。因为房间空间狭小，只有墙空着，所以乾隆就命人做了各色各样的壁瓶挂在墙上，在看书之余可以欣赏。

这是乾隆年间很典型的民窑壁瓶，距今有200多年了，画了一枝花卉。造型类似天球瓶，形制偏瘦，底下有半个托儿，从侧面看得很清楚，这也是一种生活情趣。

中流砥柱金贝币

金融这个主题，从古至今影响着中国和中国人的生活。很多人觉得金融的概念太现代了，但在古代，它同样影响着国家的发展和人们的生活，只不过形式与今天有所差异。

金融是一个很抽象的概念，对于老百姓来说，它最直接的表现就是日常生活中使用的货币。中国的货币形式很多，现今的货币基本上都是纸币，辅币中有硬币，不过硬币一般情况下面额不大。

世界货币经历了漫长的发展过程，并非一开始都是纸币，比如中国的货币，最早是贝币，以贝壳作为货币的主要形式。此后，货币开始向形制十分多样的铜钱转化，然后又发展成银钱，再到机铸币，最终是纸币。在这些转化过程中，又有很多反复。比如钞票，宋代就开始发行，元代也发行过，但是都没有作为法定货币固定下来，中国古人长期使用的货币是铜钱。

西汉　金饼
直径 6.2 厘米　观复博物馆藏

汉代　马蹄金（对）
底径 7.7 厘米　观复博物馆藏

马克思在《资本论》中说："金银天然不是货币，但货币天然是金银。"我们拥有货币，却不一定拥有黄金，而黄金是货币最重要的形制。

上页是一块汉代的金饼，用纯黄金制作，非常有分量，上面有一部分是氧化层，其实是一层包浆。金饼上有一些符号，是它的成色或重量信息。这块金饼的重量是 250 克，也就是半斤重。金饼并不会直接在日常贸易中使用，而是作为贮藏或便携的货币，以备大额交易。比如购买军需物品，携带大量铜钱就很麻烦，而且容易丢失，但携带金饼就非常方便。也有的学者认为，金饼是可以直接使用的，用于公家之间的兑换。

这是一对汉代的马蹄金。关于马蹄金有一个典故，当年汉武帝做法事的时候，说他看见了白色的麒麟和水边的宝马，于是下令铸造马蹄金和麟趾金。早在战国的时候就有马蹄金的雏形了，只不过皇家喜欢利用一些带有迷信色彩的谶纬来巩固自己的政权，比如天象、梦境等。汉武帝以后，马蹄金开始流行，它在中国金融史上只在汉代出现过。

马蹄金上还有三个字："赵府库。"唐玄宗的时候有百宝大盈库，是皇上的私库，有时候也写作内库，此外国家也有国库。"赵府库"没有很

西汉　麟趾金
南京博物院藏

西汉　马蹄金
南京博物院藏

详尽的考证，但是可以肯定，它一定是官府之库，因为当时马蹄金是用作大额资金支付的，古人在日常生活中是不会使用这种大额的货币凭证的。一般生活中的货币凭证还是比较小的，比如现今最大面额的货币就是100元钱，普通人的生活都靠小额货币支撑，但对于国家来说，却有另一套金融系统。

1. 中国历史上，是谁废除了贝币?

马未都评：中国历史上，很多货币后来都被逐渐废除了，其中贝币是被秦始皇废除的。秦始皇统一货币的同时，就废除了贝币。在汉代许慎的著作《说文解字》中，就有关于贝币的解释："古者货贝而宝龟，周而有泉，至秦废贝行钱。"也就是说，到秦始皇时期就废除贝币了。

在中国古代的货币种类中，只有贝币是天然的。金银虽然也是天然矿物，但却是经过冶炼才作为货币基准的。而贝币不需要加工，都是从河边捡来的。中国早期文明都发源于内陆，内陆的贝非常稀少，满足货币等价物稀缺性的特点，到了后期就不适合作为货币进行流通了。

由于贝壳对中国货币的影响，在今天的汉字中，跟钱有关的字基本上都是贝字旁，比如"货"字，再比如"贵贱"，这些都是贝壳作为最早货币的证据。秦始皇废除贝币制度，也是出于一种经济平衡的考虑。

2. 金和银相比，哪个熔点高?

马未都评：《史记 · 食货志》中有这样的记载："虞夏之币，金为三品，曰黄、曰白、曰赤……"这里的"金"不是黄金，而是指金属，黄就是黄金，白就是白银，赤就是黄铜，也就是说，最早的货币无外乎金、银、铜。

物质熔点（单位：摄氏度）			
金：1 063	银：960.5	铜：1 083	铁：1 539

金和银比较，金的熔点更高。铁的熔点是 1 539 摄氏度，铁器出现的时候，也是文明上升的时期。历史文明是有标高的，在青铜时代没有铁器出现，战汉时代有了铁器的应用，导致武器变得更加锋利，战争变得更加残酷。青铜只有剑，而很少有刀，而铁可以制成刀，这是因为铜太脆，在砍杀当中容易断裂。因此铁器时代是文明时代，出现铁、铧、犁等铁制农具时，表示文明已经上升到了很高的层次。

楚地在战国到汉的时候，使用一种叫郢爰的货币，它呈金板形，需要切割使用。如右图所示战国时期楚国的郢爰，都是使用过的，被切成一块一块的，藏于南京博物院，在剩下的金板上，大概还有 50 多个单位，每个单位上有“郢爰”二字。

“郢”是国号，是楚国的国都，“爰”这个字令人费解，一直是个谜。有的学者认为，“爰”字不是抽象的概念，而有其具象意义，指一种古代计重单位，如同今天的斤、两、克，一个郢爰是一个重量单位，但具体相当于多少重量，目前尚无定论。

战国　金郢爰
长 12.6 厘米
南京博物院藏

战国　金郢爰
长 10.4 厘米
南京博物院藏

这两块郢爰上都有很清楚的切割痕迹，这种切割的货币一般是作为大宗贸易的支付方式，比如军队打仗，用来购买粮草，使用黄金比较方便，如果换成铜钱，又多又重，非常不便，所以郢爰的作用有点儿类似今天的支票。

3．金错刀是什么时期使用的货币？

马未都评：中国历史上的货币形制多样，有的货币形制只在一个特殊时期使用过。金错刀是王莽新朝时期的，上面有黄金错的两个篆字“一刀”，下面有“平五千”三个字。

继秦始皇统一货币后，西汉末年王莽摄政以后，再次进行货币改革。当时政治混乱，金融也出现了极大的问题。“一刀平五千”，说的是这种货币相当于五千个铜钱，两个金错刀相当于一两黄金。虽然这有货币贬值的味道，但做工非常漂亮。一刀平五千的“平”字有“值”的意思，是作为公平的平衡。

金错刀是一种古代的镶嵌工艺，在战国到汉代的工艺品中，错金、错银非常多，都很漂亮，工艺也很完备，因此能把黄金直接错在钱币上，也就是说，把金错刀上的“一刀”两个字凹下去，里面嵌入了黄金。

战国　铜错金银象形镇
长 9.7 厘米　观复博物馆藏

现在掀起了一股黄金投资热，从新闻中可以看到，中国大妈们在全世界疯狂地扫黄金。黄金是天然的货币，但货币不一定是黄金。在人们有恐慌心理的时候，会选择买黄金，因为这是一种保值、增值、浓缩财富的方式。一旦社会发生动荡，只要有黄金，走到全世界任何地方都可以兑换成现金，所以人们信任黄金。但中国大妈买的是金首饰，从保值的角度讲，或者说从投资的角度讲，并不是太划算，保值可以，投资不值。如果想投资，一般情况下，应该买原始状态的黄金，比如金条。现在各个银行里都发行不同克重的金条，国际银行也可以兑换每个一盎司的小金锭，这些都可以作为投资的手段。

古玩门诊

古玩一

民国　渔翁得利珊瑚摆件

这是一个红珊瑚摆件，珊瑚作为动物型的化石，很受中国人喜欢。它的主题是“渔翁得利图”，雕刻着一个渔翁，还有鱼和鱼篓，旁边还戳着一根鱼竿，珊瑚上有很多自然形成的白斑。

从中国古代传统的珊瑚鉴赏角度看，这个摆件的颜色是最为漂亮的，今天所说的AKA（阿卡）级的珊瑚，比这件颜色要深，而且一般情况下都制作成首饰，比如项链、戒面、手串等。

这件珊瑚摆件从雕工上看，大约是民国时期的，渔翁的神态非常世俗化，所雕刻的鱼很大，因为珊瑚有很多天然的杈子，而在此处恰好有一个杈子，工匠就借势发挥，用杈子雕了比例上很大的一条鱼。

目前珊瑚被列入世界保护物种行列，有的国家已经对珊瑚的出入境进行了限制。今天一再强调要提倡保护野生动物，所以涉及象牙、犀角、珊瑚制品时，人人都应该具有环保意识。

古玩二

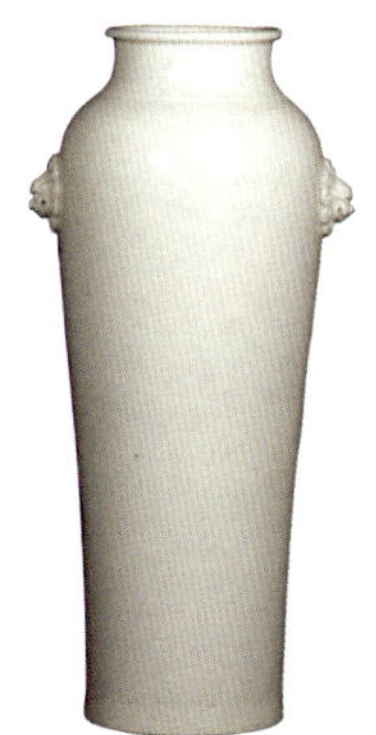

清早期　德化窑筒瓶

这是一个德化窑的筒瓶。德化窑以白瓷著称，今天福建德化地区依然能够生产出非常白的白瓷，这与当地的瓷土有很大关系。

德化窑在明代后期就开始为海外所知，那时候只有中国人能烧造如此白的瓷器，所以德化窑在国外有一个名字，叫“中国白”，也叫“象牙白”、“鹅毛白”、“葱白”。明代后期的德化窑偏黄，有点儿牙黄色，到了清代以后，德化窑就变得非常白。康熙时期的白瓷，颜色上与这件筒瓶非常接近。

这个筒瓶是清早期的，它的时代特征非常明显。清朝初年人们对筒瓶特别感兴趣，给它赋予一种政治含义，叫“大清天下一统”，以示疆域广阔，因此筒瓶曾在清初流行过一段时间，这件瓷器就是那一时期的产物。

它的铺首耳也是德化窑中极为特殊的一种，做得很像狮子，非常西化，这也是德化窑的一个特征。德化窑中最多见的瓷器是造像，比如观音、达摩等。

古玩三

清中期　豆青青花加白冬瓜罐

这是一个冬瓜罐，这种造型在清代中后期非常流行。这种冬瓜罐比较常见，它有窑变红釉的，也有豆青釉的。这是一件豆青釉的青花冬瓜罐，带着白色，专业上叫“豆青青花加白”，是乾隆后期逐渐开始流行的，到了嘉庆、道光年间非常流行。

它的盖子虽然在外观上与罐身有差异，但还是属于本年的，因为胎质很接近。这是因为在烧制的时候，罐身在一个地方烧，盖子在另一个地方烧，烧完了就大致搭配一下，所以颜色和尺寸上都会略有差异，盖得不严。

这种冬瓜罐一般情况下都成对陈设，它的图案是吉祥图等福禄寿。福禄寿是一种很世俗的画片，十分常见。在罐子的下面还有一个鸡爪纹，是不小心磕坏的。

举足轻重话银币

银这种贵金属离人们既近又远，“银行”这个词本身就提示中国是银本位国家。在古代，银子比金子使用得多，但比铜钱使用得少。银子在中国金融史上占有非常重要的一席。

中国早期使用的银子都以银锭的形式出现，比如常见的银元宝。到了清代末期，开始有银币出现，这种银币是机铸币。银子在中国历史上出现得比黄金晚，但流通范围又比黄金更广泛。

这是一组清代最常见的银锭，涉及嘉庆、道光、咸丰、同治和光绪五个朝代。银子是有定价的，今天我们将银锭视为文物，银锭除了有贵金属的价值以外，最重要的是文物价值。这些银锭上有印章，说明了

清代　银锭一组
观复博物馆藏

当时的制作年代和地域。比如有的写着“粤海关”，有的写着“库银”，库银是官方用银。这些银锭在当时都是作为官家的储备用银，用于大额支付。

一贯铜钱是一千文，一贯铜钱可以换一两银子。如果需要大额支付，使用铜钱就非常不方便、不安全。现在我们随身携带大额现金的时候也非常不安全，因此会刷银行卡。古代没有银行卡，在进行大额支付的时候，银锭解决了很大的问题。

这些银锭属于官银，冶炼的技术非常好，上面的“库银”二字非常清晰，比如这锭道光年间的写有“道光八年六月”，说明了具体的时间。几千年来，银子一直作为国家的金融命脉，古代人们不论用什么形式支付，都是以银子为准的。

1. 银子作为中国古代官方的主要货币手段，是从什么时候开始流行的？

马未都评：提到金融，一定会涉及各种贵金属使用的历史，而官方使用某种货币，永远比民间早一步。中国人使用银子是从汉代开始的，而银子作为中国古代官方的主要货币手段，则是从唐代开始的。现今有大量的银铤存世，早期国库中的银子就是银铤，五十两一根。

左图是唐玄宗天宝十年杨国忠进奉的银铤，是笏形的。银铤以船形居多，也就是元宝形，笏形是最早期的。右图是南宋的锭形银铤，现在叫银锭。

这种银铤有日期，有功能，有工匠的名字，有负责人的名字。如同现在的造币厂，所有东西入库都有专人负责，哪一箱货币如果出了问题，马上就能找到负责人。在古代，更是直接把人的名字凿到了银锭或银铤上面。

北宋　崇宁五十两银铤
观复博物馆藏

唐代　杨国忠进奉银铤
长 33.5 厘米
中国国家博物馆藏

南宋　五十两银铤
面长 14.6 厘米
中国国家博物馆藏

银铤和银锭，虽然叫法不一，但都是为了使用方便和存储方便，到后期就变得越来越圆润，长条状的就少见了，因为它缺乏美感。中国人对美的追求也体现在货币上，即使是今天的货币，也不会只印面值，而会去找专门的画家设计钞票上所有的细节。

欧洲在 15 世纪左右就形成了银本位制度，由西班牙、葡萄牙向外输送。他们的贸易非常发达，在与别国进行交换的时候，通常不能使用本国货币。但金币并不常见，而且形制各异，因此就使用银来进行国际贸易。从 15 世纪开始，银本位逐渐建立起来了，而中国的金融系统也受到银本位的影响。

今天全世界在金融系统实行信用本位制度，在生活中也是一样，人们依靠信用来生存，需要注重个人信用的建立与维护。

2. 银锭为什么称作“元宝”？

马未都评：“元宝”这个称呼最早在元朝出现，其造型宋代就有，后来明清两代沿袭元代的叫法，也称“元宝”。

据《元史 · 杨湜传》记载：“至元三年，以湜为诸路交钞都提举，上

元代　扬州元宝五十两银锭

钞法便宜事，谓：‘平准行用库白金出入有偷滥之弊，请以五十两铸为锭，文以元宝’，用之便。”在钱币出入库的时候，点查数量的经手者在点查完毕后要盖上章，以防止偷窃。古代的银子都会有所磕碰，于是会有人从中贪污牟利，这就需要每五十两铸一个锭，“文以元宝”，就是将“元宝”两个字直接铸在元宝上，因此，元朝以后就称为元宝。

上图是扬州元宝五十两的银锭，它的后面写着“元宝”二字。元朝大军灭了南宋，回到扬州以后，丞相颜伯为了整肃军纪，把将士抢劫得来的散碎银两集中在一起，融化后铸成五十两一锭，铸上“元宝”二字，直接充公，因此扬州元宝非常有名。

银子有各种形状，银铤、银锭、银饼，方形、圆形都有，一开始没有定制，后来统一变成了元宝的形状。

3. 明清时，一斤等于多少两？

马未都评：明清两代使用小两，一斤等于十六两。有句俗语叫“半斤八两”，就是这么来的。古代的半斤是八两，现在的半斤是五两。从严格意义上讲，今天已经取消“斤”的概念了，质量的单位是千克，也称公斤。但在日常生活中，老百姓依旧沿袭着旧俗，去超市买东西，通常不说“一千克”，而说“二斤”。

中国古代的计重制市斤，现在已经基本不用了。古时候银锭也有确定的重量，早期的经常是五十两，也就是大元宝，中锭的都是十两。还有小银锞子，一般是一二两不等，不是特别标准。中国古代贸易都是计重的，形状大小都没关系，银子切割之后还可以上秤过重。

图一是明代的金花银银锭，上面带有很多铭文，非常有收藏价值。图二是大英博物馆藏的银锭，是17世纪的。图三是大英博物馆藏的，是清代中晚期最常见的民间银锭，它随时可化、可融、可切，按照重量来结算。

在今天，元宝基本已经退出了货币行列。银锭的中间通常不会鼓起，而审美上为了好看，会加一个修饰，尤其在一些民俗物品中，特别是在年画上，中间鼓起的金银元宝非常多见。此外，也有银行发行一些空心的金元宝，通常只是作为赏玩的。

明代　金花银银锭
长 15 厘米　中国国家博物馆藏

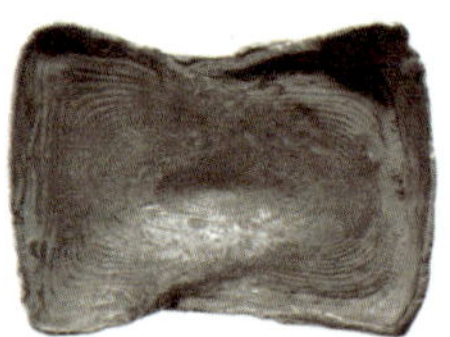

17 世纪　银锭
宽 4 厘米　大英博物馆藏

清中晚期　银锭
高 3.2 厘米　大英博物馆藏

古玩门诊

古玩一

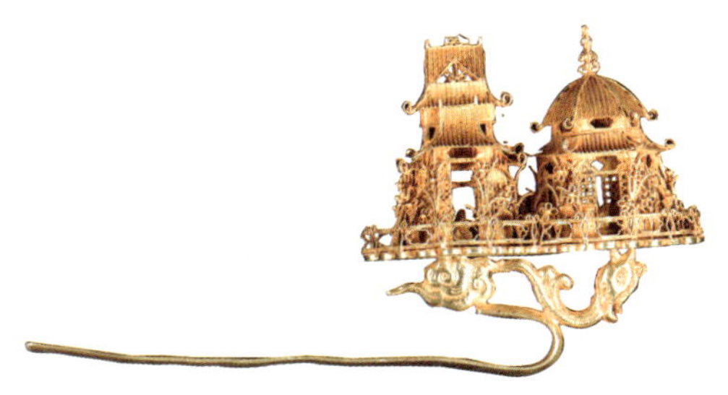

明代　楼阁式镂空金钗

这是一支明代的金钗，形制非常独特。宋明时期，很多妇女戴假发，在墓葬中也曾出土过一团团的假发。假发高高耸立，金钗就可以插在上面。

这种建筑型的金钗很少见，它使用一种非常复杂的镂空技术，做得很有韵味。它的建筑形式是一方一圆，六棱形的是圆形建筑，四边形的是方形建筑。宋明时期的金首饰出土得很多，每个都做得非常漂亮，常见的是龙凤花卉的题材，做成这种楼阁式的并不多见。这种阁楼式的题材非常大胆，可以想见把它插在妇女发髻上时那种大气高贵的感觉。

从工艺上讲，它做得非常精致，栏杆上有很细的珠子，阁楼里还有人物花卉，以及格栅。它是一件明朝制品，宋朝的金钗往往会比它稍微粗一些。明朝制作的首饰非常漂亮，到了清代，不再流行纯金饰的首饰，而是大量采用镶嵌。

这支金钗完全使用黄金，没有其他装饰。但纯黄金也有一个缺点，如果做得很细，就会很软，金钗很难固定在头上，容易变形或折断。这种形制的金钗通常不会只插一根，我们从这支金钗可以推想其主人的社会地位，一定非富即贵。

古玩二

北宋　龙泉窑莲花净水碗

这是一个敛口碗，其纹样从侧面看是一朵盛开的莲花。日常生活中通常不使用这种碗，因为非常不方便。这种碗叫净水碗，通常是在佛堂前供奉的，用于盛水。做成敛口的形状，一是为了减缓蒸发，二是从视觉上讲，与常用的碗也有所区别，做工更繁复，显得更高级。

大莲花中带有的细纹叫篦纹，在北宋最为多见。北宋时期的龙泉窑颜色不佳，无法与南宋媲美，因当时的政治经济文化的中心都在北方，南方相对落后。后来宋室南迁到了杭州以后，南方的经济迅速发展起来。龙泉最好的瓷器一定是南宋的，而非北宋。

这件龙泉窑的碗颜色稍淡，符合北宋时期的特点，碗形也是当时最为流行的，但它并不是日常用品，而是宗教器皿。

外圆内方话铜币

在中国古代文学作品中，有很多关于铜钱的描述。百姓接触最多的中国古代货币也是铜钱。中国历史上使用过的铜钱各种各样，其最早期的形态并不是圆形方孔钱，而是布币。后来的货币统一是为了方便使用。由于中国的钱币是计重制的，所以人们对金属类的东西都比较感兴趣。

中国的铜钱使用史长达数千年，由最早的布币到刀币，再到方孔圆形钱，走过了漫长的道路。

这是一面铜镜，上面是钱纹，这在铜镜中并不多见，是在中古时期才出现的。钱纹上写着“大定通宝”四个字。“大定通宝”是金代的钱币，故此铜镜也是金代的，它的铜质与汉以前的铜镜完全不一样。

现今存世最好的铜镜，大致都是战国到汉代的。唐代的铜镜质量也非常高，自宋代以后铜镜质量逐渐下降，尤其是在金代。金代是一个少

金代　大定通宝纹铜镜
观复博物馆藏

南宋　湖州仪凤桥石家真正一色青铜镜
直径 16.9 厘米　国家博物馆藏

金代　柳毅传书铜镜
直径 10 厘米　国家博物馆藏

西汉　昭明透光镜
直径 16.8 厘米
上海博物馆藏

战国中晚期　错金银瑞兽纹镜
直径 17.5 厘米
日本永青文库藏

唐代　狩猎纹镜
直径 15 厘米
陕西历史博物馆藏

盛世铜钱十枚
观复博物馆藏

数民族政权，经济的繁荣程度显然不及唐宋，这个铜镜反映了那个时代的特征，铜镜做得比较薄。

这种钱币纹的铜镜，反映了钱币在当时受重视的程度。现今使用的是纸币，国家不允许私人随意将纸币图样印刷在其他地方，但古代对这方面的控制并不严格，因此才有这样一面铜镜传世。

这是十枚铜钱，也是中国古代最常见的铜钱。从第一行开始，从左到右，第一枚是秦半两，第二枚是汉五铢，第三枚是唐代的开元通宝，第四枚、第五枚是宋代的大观钱、崇宁通宝，第六枚是元代的至元通宝，第七枚、第八枚是明代的洪武通宝、永乐通宝，第九枚、第十枚是清代的康熙通宝、乾隆通宝。这些钱币反映了中国历史上那些非常重要的朝代的政治、经济和文化。

钱与每个人的关系都非常密切，无论人们轻视它还是重视它，钱在生活中都是非常重要的。现代社会建立了个人的价值判断，这种判断很多时候可以拿钱来衡量，但更多的是人们的精神价值判断，这不是用钱能衡量的，而一个民族创造的文化，也不能用金钱来衡量。

1. 铜钱“外圆内方”的设计是什么时候确立的？

马未都评：早期的铜钱形制各异，秦朝统一货币时，就统一成了外圆内方的铜钱。据《史记》记载：“及至秦，中一国之币为二等，黄金以溢（通‘镒’）为名，为上币，铜钱识曰‘半两’，重如其文，为下币，而珠玉、龟贝、银锡之属为器饰宝藏，不为币，然各随时而轻重无常。”“半两”也就是秦半两，而珠玉、龟贝、银锡等都是器饰宝藏，它们的价格是不固定的，因此铜钱被确立为货币。铜钱以计重为准，称秦半两。秦半两铜钱是圆形的，使用起来非常方便，也便于携带。

下页图是中国早期的货币形态。

左上是战国时代的布币。右上是战国时期的刀币。但是将刀币揣在衣袋里是非常不方便的。左下是蚁鼻钱，它携带起来已经比刀币和布币方便多了。

秦始皇时期“书同文，车同轨”，统一了度量衡，也统一了货币，国家进入大一统的时代。秦以后中国就成了大国，规矩多了就一定要进行统一，货币就统一为计重制。计重是一种计量方式，如“秦半两”的意思是一枚铜钱的重量相当于半两，两枚就是一两。

有人认为中国的方孔钱体现了外圆内方的哲学思想，但这种思想是后人赋予它的，并不是它天生的。外圆内方的形制，原本是由于铜钱在铸造出来时，边缘都会有毛刺，需要

战国　布币
长 6.3 厘米　大英博物馆藏

战国　刀币
长 13.8 厘米　大英博物馆藏

战国　蚁鼻钱
长 1.8 厘米　大英博物馆藏

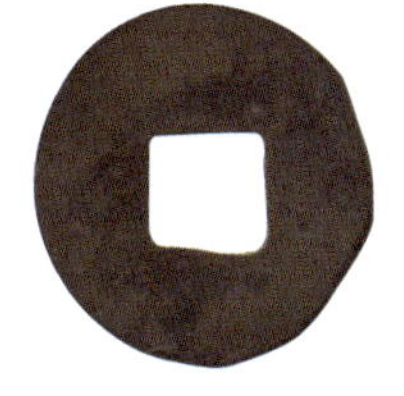

战国　秦半两
直径 3.1 厘米　大英博物馆藏

打磨。在铜钱的中央穿一个方条，铜钱就不再转动，但如果中央也是圆形的，打磨起来就非常困难。

2.“通宝”这个名称，是什么时候开始有的？

马未都评：“开元通宝”是中国钱币史上第一种通宝钱，在此之前，钱币都是计重的，如秦代的“秦半两”、汉代的“五铢”等。

唐高宗武德四年，开始发行“开元通宝”。据《旧唐书·食货志上》记载：“……初，开元钱之文……流俗谓之开通元宝钱。”“开”是开始，“元”是初始状态，也就是开始使用一种通宝形的钱，而不再通过计重而

唐代 “开元通宝”铜钱
大英博物馆藏

宋代 “大观通宝”铜钱
直径 4.1 厘米 大英博物馆藏

元代 “至正之宝”铜钱
直径 7.8 厘米 大英博物馆藏

计钱。从那时起，钱就按“文”来计数，如一文钱、两文钱。

现今的钱都是数字概念，比如买菜时，都是问多少钱一斤、便宜几毛钱。而在古代，钱都是一样的，买卖时按枚计数。但计重制有一个缺点，就是铜钱必须达到对应的重量，否则就叫减重，这样容易造成通货膨胀。唐代经济发展迅速，钱币也必须适应这个趋势，于是计重制就显得不方便，最终被弃用了。秦始皇统一货币以后，中国一直使用计重制，中间历经了将近 1 000 年，直到唐朝，最终开始实行通宝制。

3. 古代的一贯钱等于多少文?

马未都评：一贯钱是一千文，同时也称为“一吊钱”。但语言在不停地演变，后来在北京地区，一吊钱就变成了一百文。

中国历史上黄金和白银的比价幅度比较大，但是白银与铜钱的比价幅度并不大，一般情况下，一千个钱就是一两白银。

中国文化中对铜钱很有好感，文物上经常能看到“刘海戏金蟾”的

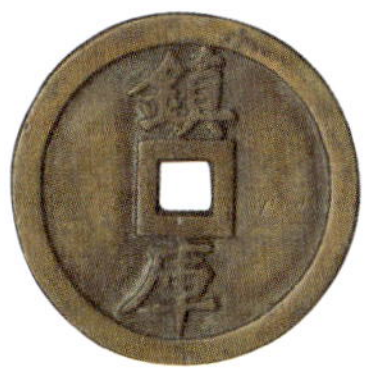

清代 “宝源局造”铜钱
直径 11 厘米 大英博物馆藏

明代 “正国之宝”铜钱
直径 11.2 厘米 大英博物馆藏

纹样，其中金蟾就衔着一枚铜钱。这件是康熙时期“刘海戏金蟾”纹样的棒槌瓶，非常漂亮，传达着中国人对财富追求的美好含义。

一个人一旦离开了父母走向社会，谋利就是第一个目标。如果能够遵循道德和法律，无论挣多少钱都是正当的，称为“取之有道”；如果违背了道德和法律，那所得的钱财就是不义之财，对此人们应有所取舍。

无论是在社会还是家庭中，重视钱财和重视声誉这两个阶段每个人都会走过，前者是趋利，后者是趋名。在趋利这个阶段，人非常容易犯

清康熙 珊瑚红地五彩刘海戏金蟾纹棒槌瓶
高 45.1 厘米 观复博物馆藏

错误。我们不一定要拥有巨额财富，够用就好，一个人对财富能够知足，就容易获得幸福。国外有一个调查统计，说一个人拥有的财富超过了一定的程度，大部分人都不再幸福，因为钱多了以后，马上会面临一个问题——如何去保护这些财产，这是非常痛苦的一件事。

古玩门诊

古玩一

明晚期　铜制金蟾水盂

这是一个金蟾水盂，金蟾就是三条腿的蛤蟆。民间故事“刘海戏金蟾”中，刘海是吕洞宾的大弟子，法力无边，金蟾是一个妖怪，本事很大，它与刘海斗法，刘海砍掉了它的一个后足，降服了它，金蟾就不断地吐出金钱来。

砍掉一条腿的蛤蟆是很难看的，因此古人就对它后面那条腿进行了美化，将腿放在中间，保持对称的美学原则。这种三条腿的蛤蟆经过几百年的流传，变成了一个吉祥之物——“刘海戏金蟾”。自宋以来，三条腿的蛤蟆就比较多了，有陶瓷的、铜的，也有一些竹雕的。

这个金蟾身上的鼓包很清晰，都代表财富。从铜质上看，它是晚明时期的。它的造型很饱满，是文房用具水盂。它的口很大，是用来舀水的，也叫水丞。金蟾三条腿的形象是一种很新奇的动物形象，中国文学赋予了它美好的寓意。

古玩二

清乾隆　牧童吹笛景德镇白瓷摆件

这是一个牧童吹笛瓷摆件，做工比较精细，有种“野调无腔信口吹”的韵味。牛都会认路，在太阳下山后会自己回家，这时候牧童就会侧骑在牛背上，因为牛背比较宽，正骑会很不舒服。牛皮很光滑，骑在上面并不稳定，侧坐反而不容易掉下来，这件瓷器的形态非常符合生活常识。

这个摆件具有乾隆时期的典型特征，在人脸的塑造上，人物的眼睛都是眯缝眼，与此后的人物表达是不同的，比如民国时期塑造人物形象主要受到西学的影响。此外，人物上身很长，腿却很短，这也是乾隆时期塑造人物的典型特征，是当时非常流行的特点。清代人擅长骑射，腰长腿短是当时的一种审美。这个瓷器摆件做得很精细，连手都做得很细致。

古玩三

下页是一个鸟形人面罐，也叫盉，盉是仿照青铜器的叫法。它的形状比较奇特，非常少见。两广文化主要指的是南越文化，文化体系复杂，这个

汉代　人面鸟身盉罐

盉罐属于其中的骆越文化，相当于今天的广东、广西，包括越南的一部分。

中国地大物博，文化多样，在历史上很多文化由于有大河、山脉的阻挡而被隔开了，所以文化中的个性化非常明显。

秦始皇统一六国以后，派赵佗征伐越南，要将越南统一，同时也带去了中原文化。这种兽面，或者说人面纹饰，在每一种文物中都非常重要，比如商代青铜的人面鼎。在商代晚期的兽面中，人面是最高等级的，因为人类本身是动物中最高等级的，早期文化中的陶器、瓷器、青铜器一旦出现人面，都是等级偏高的。

这件东西的功能现在无法确定，很可能不是日常用品，因为人面给人的直接感官是刺激的。换句话说，人们面对着人脸的器物，在心里是恐惧的。此外，它的飞檐是支棱出来的，尽管手感很舒适，但很容易碎掉。这种器物非常有可能是祭祀用的，一般只在书本或博物馆中能够见到，给人的感觉非常庄重。它的文物价值无法用金钱来衡量，因为存世量稀少，并且在市场上没有价值参考。

从理论上讲，这样的文物应该是由博物馆来保存的，需要专门的学者去研究它，用大量的其他文物来类推它。从历史文化角度来看，这类器皿比明清官窑要重要得多，它既漂亮，又新奇诡异。

与时俱进机铸币

随着历史的发展，中国货币也受到了西方经济的影响，货币形式发生了很大的变化。现在使用的硬币是机铸币，使用机铸币和现代货币，包括纸币，表明中国与世界同轨了。在古代，携带大量铜币是非常不方便的。我们现在可以“一卡走天下”，如果退回到封建社会，比如清朝，出门的时候会非常苦恼，是机铸币给人们带来了更多的便利。

这枚钱币上写着“中华民国执政纪念币”，背面写着“和平”，它的尺寸、厚度和重量，与清代后期和民国初年流行的银圆都是一样的，但它没有面值。纪念币上的人像是段祺瑞，他执政时间并不长，这是他执政时发行的纪念币。

理论上讲，纪念币应该是有面值的，具有收藏价值；没有面值的一般叫纪念章。发行纪念币的目的不是为了流通，但是纪念币也可以流通，因为它与银圆一样，是可以计重的。

民国 “和平”中华民国执政纪念币
观复博物馆藏

这种段祺瑞纪念币发行量并不大。民国初年，袁世凯、段祺瑞、曹锟、徐世昌等军阀轮番上台。中国有一种枭雄文化，在民国初年，军阀间混战不断，老百姓的生活充满苦难。当时的执政者都会为自己铸造纪念币，以炫耀自己的政治成果，而那时候的纪念币，到了今天都成了收藏品。

下图是一些机铸币，很有意思。它们厚薄不一样。上面是光绪元宝，库平七钱二分，是最标准的。左下是江南省造的光绪元宝，也是库平七钱二分。右下是饷银一两。“库平七钱二分”中的“平”，就是平等地兑换；“饷银一两”则给足了银子的分量，是作为军饷使用的。“饷”的本意是犒劳，而军饷是军队用的钱，会铸造得厚一些，它与库平七钱二分比较，多出三成。

清光绪 “光绪元宝”银圆 吉林省造
观复博物馆藏

清光绪 “光绪元宝”银圆 江南省造
观复博物馆藏

清代 “饷银一两”银圆
观复博物馆藏

制成饷银一两，是为了便于使用，这是左宗棠发明的。当时左宗棠带着湘军一路西行，去收复新疆，如果使用七钱二分的光绪元宝，很难征集到军用物资，而饷银一两就很受百姓们欢迎，大家都愿意把东西卖给他，因为饷银一两比七钱二分多出三成银子来。当时还出现了一个词——“赶大营”，就是说左宗棠打到哪里，都有百姓追随着，后勤保障由老百姓主动担任，非常划算。左宗棠在向新疆行进的路上还发明了一种货币，叫“湘平一两”。最后湘军到了乌鲁木齐，也就是终点站，他又发行了“迪化一两”。这三种饷银都是军饷，在中国货币史上非常重要。

中国的货币史非常复杂，金、银、铜，包括镍币，对中国人的生活都产生过巨大的影响。中国人对于金和银的情感影响到了中华民族的情感。今天中国与全世界同行，进入了纸币时代，将来很快会进入无纸币时代，完全是数字化时代。站在生活的节点上，站在世界变革的节点上，我们要考虑自己作为中国人，能做出什么贡献。

1. 中国正式的机铸币发端于光绪一朝，是从哪个省开始制作的？

马未都评：在古代，西方的银圆对中国产生过巨大的影响，中国也通过制作机铸币与世界接轨。中国第一块机铸币是光绪十五年在广东制造的，正面铸印龙纹，简称“龙洋”，此后湖北、吉林等省纷纷效仿。

鸦片战争以后，西方人带来了银圆，有墨西哥的、西班牙的，还有日本的。中国人发现，银圆的尺寸相同，重量相当于中国的七钱二分，成色一般为 90%~92%。

当时中国是用银锭来解付的，成色极高，一般都是 98%，因此兑换同样份额的银币时，中国要亏 8% 的银子。因此，中国人开始掺假，在银锭中加个芯，或者将铅熔进去，降低比例。久而久之，掺假成风，银子的纯度达不到 90% 的标准，

清光绪　广东省造银币
直径 2.5 厘米　大英博物馆藏

民国元年　孙中山头像银圆
直径 4.5 厘米　大英博物馆藏

中华民国三年　袁世凯头像银圆
直径 3.9 厘米　大英博物馆藏

中国的银子就不被国际接受了，无法继续使用。洋务运动以后，中国需要加入世界贸易的行列中，开始铸造自己的银圆。

民国银圆很有特色，比如孙中山头像的银圆，是民国元年发行的，非常有收藏价值，正面写着“中华民国开国纪念币”，铸印着孙中山先生的头像。

上面这个是“袁大头”，铸印着“中华民国三年”字样，面值一元。中华民国三年，第一次铸造以袁世凯头像为标准的“袁大头”。

最初铸造银圆的时候，西方的银圆都是按元计数的，中国的银圆则按两计重。当时对于“两”和“元”的定名是有争论的，最后洋务派占了上风，希望中国与国际接轨，银币在外形上也效仿西方的机铸币，最后定为“一元”，简称“银圆”。

2. 现代机制币是什么时候进入中国的?

马未都评：最初发行纸币，是因为在某个特定时期，国家经济出现了问题。在中国货币史上，清代前期的货币都非常简单，康熙、雍正、乾隆三朝只有通宝，到了咸丰年间，钱币变得非常复杂，开始出现“当十”、“当五十”、“当百”，甚至“当千”，这说明货币在贬值。为了解决这种经济问题，国家开始印钞票。所以，第一张现代印刷出来的钞票是清末开始发行的宝钞。当然，那时候的印刷与现代印刷不同。

最早在宋代，四川地区已经开始发行交子，也就是纸币，这是为了做大宗贸易使用的，但后来造成了物价飞涨，交子失去信用，因此没落了。元朝时有至元宝钞，明朝有大明宝钞，最终下场都与交子一样，不再被人们接受，因为它们失去了信用。最初使用时，宝钞可以如期抵换银两，但到后来，它无法再兑换时，就失去了价值。

民国后期通货膨胀，钞票贬值，有些人甚至用它点烟，它已经失去了价值，比火柴还便宜。当时物价飞涨，民不聊生，纸币贬值是整个国家崩盘的前兆。而在清代后期印刷“宝钞”，表明它已经走向了灭亡。

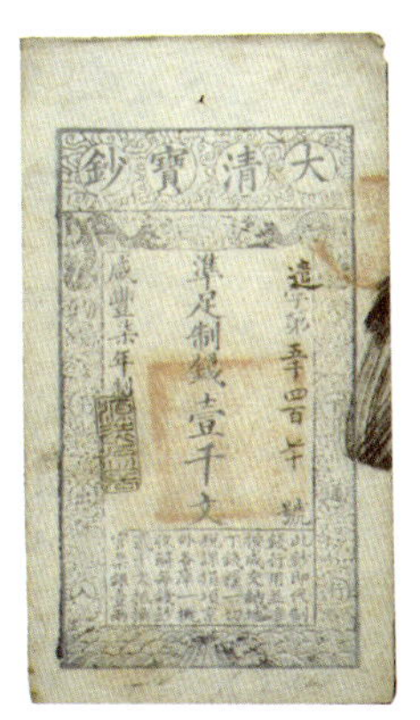

清咸丰 1857 年　“咸丰宝钞”
高 24.25 厘米　大英博物馆藏

元代　至元通行宝钞
高 31 厘米　国家博物馆藏

明代　大明通行宝钞
高 34.1 厘米　大英博物馆藏

3. 中国现在流通的第五套人民币中，主币有多少种面额？

马未都评：民国以前的货币都很简单，不论是元宝还是各种通宝。到了民国年间，就有大钱、小钱之分。而到了现代，货币就变得非常复杂了。人民币分为主币、辅币，从 1949 年新中国成立到今天，国家共发行了五套人民币，最新的一套主币的面值分别是 100 元、50 元、20 元、10 元、5 元、1 元，共有 6 种。

人民币是新中国成立以来，由中央人民银行发行的货币，到现在已经有五版了，每次再版都有改动，它们是中华人民共和国的法定货币。

今天人民币在世界各国都可以畅通无阻地使用，在境外很多地方有很多银联的标志，这是中国货币有价值的体现。30 年前，中国货币在国外不被接受，即使在中国香港也不行，今天在中国香港可以使用人民币，这说明中国国力在提升，也是百姓之福。

现在很多人把钱存在银行里。1587 年，世界上第一家银行在意大利威尼斯诞生。银行对推动贸易发展有极大好处，当时欧洲的贸易强国相继开始成立银行。中国的银行出现得很晚，第一家银行叫中国通商银行，创建于 1897 年，比欧洲晚了 310 年。银行可以帮助人们理财、支付、托管，在未来会为人们提供更多的服务，成为个人的理财管家。

古玩门诊

古玩一

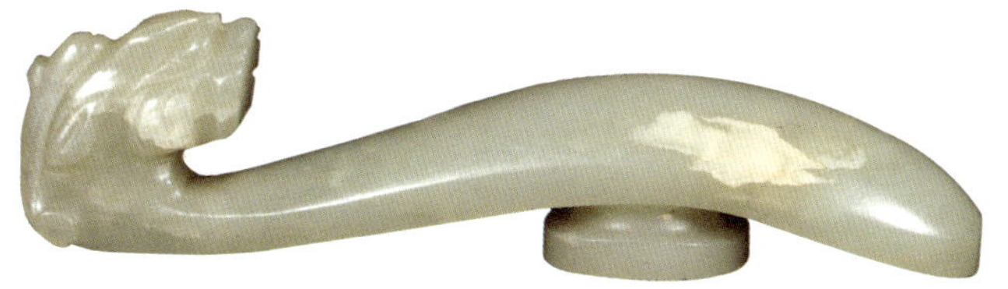

明后期　龙头和田玉带钩

这是一个和田玉带钩，是古代作为束腰用的带扣。带钩从春秋时期就开始出现，经过历朝历代的演变，每个时代都有各自的特征。玉带钩的年代最下限是明朝，清朝人不使用它，即使做出来，也只是为了赏玩。

从玉质上讲，这个带钩并不是很好，呈灰绿色，这恰恰是明朝后期比较常见的。这个玉带钩是一个龙头钩，身子是素面的，没有进行雕刻。

带钩的存世量比较大，清代后期到民国初年，甚至新中国成立以后，出现了大量的带钩。很多人在带钩上镶嵌镜子，制作成手镜，卖到欧洲赚取外汇，通常下方的玉把手有几百年历史，但上面的镜子只有几十年历史。而带钩本身的价值不高，今天拿一个新玉再去做成同样的形制，既耗工又费力，不值得作伪。

古玩二

下页是一个龙泉窑的筒形炉，上面有缠枝花卉，花卉是突起的，很漂亮，釉色也很美丽。

龙泉窑经历了一个漫长的发展过程，最好的时期是南宋时期。北宋

南宋　龙泉窑筒形炉

时期的龙泉窑玻璃感很强，南宋时期的釉呈现乳浊状，像牛奶一样，不再透亮。到了元明以后又重新变绿，比较透亮，及至明朝后期更透亮了。

这件龙泉窑筒形炉的造型比较雅致，花卉虽然稀疏，但画面清晰，花是花，叶是叶，中间有枝蔓。它还带有元代的一些特征，比如瓷器底部突起。从釉色上讲，它呈现了南宋的基本釉色，并不像纯粹的元朝釉色。

这件龙泉窑美中不足的一点，就是被磕了一块。此外，瓷器的形状不是太圆，有点儿呈椭圆状，发生了变形。现在有很多人喜欢香道，这件龙泉窑筒形炉，不管是摆在佛前当供器，还是做香道的时候使用，都不失为一件有趣的藏品。

古玩三

下页是一个盘口尊，两只耳朵上各趴着一个螭虎，很可惜螭虎的头磕掉了。用螭虎作为瓶子的耳朵，是雍正一朝比较流行的，也影响到乾隆时期。盘口瓶也是雍正时期最为流行的一种造型，瓶口如盘口，底部是砂底，没有釉，另外砂底也是雍正时期的特征。此外，它的釉上带有

清雍正　哥窑盘口螭耳尊

很多细碎的开片，这是雍正、乾隆时期一种追摹哥窑的时尚。从造型、装饰、釉色、底足上不难判断，这是一件雍正时期的瓷器。釉上细碎的开片，是当时窑工控制炉温的结果，经过280多年历史，瓷器表面上留下了陈旧的痕迹。

音梁锦绣百宝嵌

收藏中杂项类涵盖的范围比较广，除了文物的大类——陶瓷、玉器、木器外，其余的统称为杂项。

百宝嵌是杂项的一类，选择各种可用的材料，嵌之于另一种材料之上。百宝嵌的主体材料一般都是木质，因为木质相对来说比较好镶嵌。其他的材料有象牙、金属器，不过不是主流。

在中国工艺美术史上，百宝嵌占有非常重要的一席。百宝嵌有繁有简，繁华富丽体现的是价值感，简约雅致体现的则是意境和风韵。

这是一个黄花梨的椭圆形盘，与常见的盘子有些不一样。这种椭圆形的盘子，是明末清初比较流行的款式，兼有明、清两代的特征。它的百宝嵌属于比较早期的类型，除了其中的几枝花和鸟，其他的地方都是嵌平的，后期的百宝嵌则逐渐隆起。清代乾隆年间的百宝嵌基本上都是隆起的，这件百宝嵌只有树叶、枝蔓等位置是隆起的。

清早期　黄花梨百宝嵌花鸟纹盘
长 15.5 厘米　观复博物馆藏

在早期百宝嵌中，材料的运用比较简单，比如这个盘子使用了四种材料来进行镶嵌，用黄花梨木作为地子。

这种小盘并非实用器，而是当时富足人家的一种案头陈设，作为赏玩的器物，可能会临时放一点儿小东西。把这种百宝嵌的小盘子摆放在桌子上，显得十分有情调，生活也变得精致起来。它体现了明末清初时期文人内心对安逸生活的追求，当时由明代向清代过渡，社会压力很大，文人为了逃避现实，都喜欢做这种画面安逸的东西。

这件百宝嵌小盘距今已有 350 年以上的历史了，很多地方也被磨得很薄了，但没有任何脱落，可见当年的镶嵌技术是非常好的，工艺十分精湛。

这是一个明末的百宝嵌盒子，各种宝石嵌满了器身，底板是漆器的，颜色比较丰富，所嵌的材质也比较多，有玉片、寿山石、螺钿、松石、珊瑚等。

明代后期中国的装饰风格会受一些外来文化的影响，比如它的侧面是散点似的镶嵌，从题材到形式都受日本风格的影响，如红柄的折扇。

明晚期　大漆百宝嵌海棠绶带纹长方盖盒
长 26.5 厘米　观复博物馆藏

明晚期　百宝嵌漆盘
长 35 厘米　英国维多利亚和阿尔伯特博物馆藏

百宝嵌是中国人在明朝后期发明的，之后迅速风靡大江南北，一直影响到宫廷。到了清朝的康、雍、乾三朝，尤其乾隆时期，宫廷所藏的百宝嵌非常多，而且十分漂亮，很多东西让现代人叹为观止。百宝嵌一方面包含着古人的文化追求，当生活安逸时，人们就有了更高层次的追求；另一方面反映了中国工匠的聪明才智，他们从小就受过很好的基础手工训练。历史上出现过这么漂亮的、能够反映中国人聪明才智的手工制品，是中国手工业发达的标志。

观复学堂

1. 百宝嵌会镶嵌许多珍贵的材料，以下24种材料中，请选出不适合嵌百宝的材料。

金、银、宝石、珍珠、珊瑚、碧羽、翡翠、水晶、玛瑙、砗磲、青金、绿松、螺钿、象牙、蜜蜡、琥珀、沉香、朱砂、犀角、牛角、黄铜、雄黄、玻璃、玳瑁

马未都评：在这24种材料中，只有雄黄不被选用来制作百宝嵌。雄黄是一种质地很脆很软的材料，不适合镶嵌，镶嵌后容易酥碎，变成粉状。

雄黄有鸡冠石、黄金石之称，颜色非常黄，分布在我国南方的湖北、湖南、广东、广西，以及贵州等地。雄黄在生活中常见的形式是雄黄酒，祭奠屈原的时候最早使用雄黄酒，传说将雄黄酒倒在汨罗江里，可以把蛟龙药倒。后来雄黄就逐渐成了驱邪的象征，端午节那天，成年人会喝点儿雄黄酒，小孩不能喝酒，就在额头上用雄黄写个“王”字，或者在手心、脚心里点一点儿雄黄酒，表示驱邪。医药学家表明，这种做法并不科学，因为雄黄中含有砷，需要慎用。

在上述24种材料中，金、银是镶嵌的鼻祖，从战国到汉代有大量的错金银器物。宝石的品种很多，用于镶嵌的有红蓝宝石、猫眼、芙蓉石等，都属于宝石类。古代珍珠的价值比现代高，那时的珍珠都是天然的。镶嵌物可软可硬，沉香、蜜蜡属于比较软的，玛瑙、水晶都属于比较硬的。不同时期

明代　黑漆百宝嵌婴戏图立柜
高 186 厘米　故宫博物馆藏

清康熙　紫檀百宝嵌人物文字双面插屏
高 29.7 厘米　观复博物馆藏

清乾隆　黄花梨百宝嵌动物花卉纹菱花形笔筒
观复博物馆藏

百宝嵌的工艺也会不一样，早期的百宝嵌采取一种平面的形式，嵌进去以后与地子是平齐的，后期就逐渐隆起了。

左图是一个明代的黑漆百宝嵌立柜，它的镶嵌基本上是平的，隆起的程度并不高。右图是一个康熙年间的百宝嵌，镶嵌物是隆起的，但隆起的程度不如乾隆时期高，很漂亮。下图是一个清代乾隆年间百宝嵌的笔筒，所有镶嵌的地方都是隆起的，使用了碧玉、白玉、孔雀石、玛瑙等材料，五光十色，特别漂亮。

百宝嵌最早是嵌在漆器上的，漆器可以打泥子，很多地方可以很自如地进行装饰。明代黄成的《髹饰录》里记载："百宝嵌，珊瑚、琥珀、玛瑙、宝石、玳瑁、螺钿、象牙、犀角之类，与彩漆板子，错杂而镌刻镶嵌者，其贵。"这种百宝嵌漆器价值很高，是一种高调的炫富。

百宝嵌出现于明朝末年并非偶然，与当时的社会风尚有关系。明朝末年非常崇尚奢侈品，对生活中所有的器物都追求工艺之精，导致了百宝嵌的诞生。镶嵌这门艺术早在商代就开始有了，但直到明朝末年才形成了百宝嵌工艺，这种奢华的美丽，是每个人都能感受到的。

2."苏州"这个名字是什么时候开始启用的?

马未都评：百宝嵌十分奢华，它发源于富足地区，就是明朝末年的江南，尤其是苏、杭二地，主要是苏州。

隋朝开皇九年，也就是公元589年，改吴州为苏州，因为当时有两个

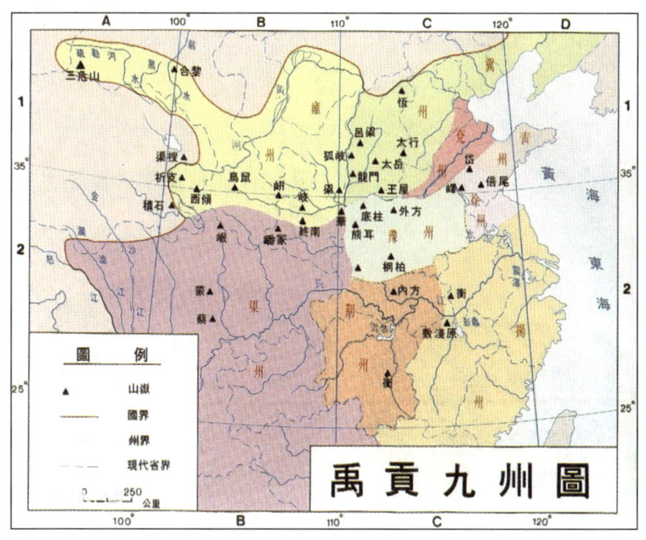

"禹贡"九州分布图

吴州，为防止重名，以姑苏山为起名的缘由，改吴州为苏州。古代的行政划分，最早大多使用“州”字，一直沿用到今天，我们对于“州”是有感情的，比如瓷器中有耀州窑，邢窑也可以称邢州窑，定窑也可以称为定州窑、磁州窑，各种窑都是以其当时的行政区域划分的。今天“州”在很多地方还是行政划分，相当于地区一级。

历史上还有一个说法，叫“九州”，最早在春秋战国时期，就有关于九州的文献记载。但九州是一个泛泛的说法，中国人认为，九为最大的阳数，所以九州有很多种说法。

出处	九州								
《尚书·禹贡》	冀州	兖州	青州	徐州	扬州	荊州	豫州	梁州	雍州
《吕氏春秋》	冀州	兖州	青州	徐州	扬州	荊州	豫州	幽州	雍州
《周礼·职方》	冀州	兖州	青州	并州	扬州	荊州	豫州	梁州	雍州
《尔雅·释地》	冀州	兖州	营州	徐州	扬州	荊州	豫州	幽州	雍州

《周礼》中的九州，变徐州为并州；在《吕氏春秋》、《尔雅》中，变梁州为幽州，但基本说法是相同的。青州在山东，徐州在江苏，扬州、荆州今天也在，豫州、冀州、雍州、梁州今天是没有的。

苏州地区的工艺非常精湛，当时有一个工匠非常有名，叫周翥，据说百宝嵌就是他发明的。这是一个周制的百宝嵌，底部有款“吴门周柱”，在这里“翥”写成了“柱”，翥是飞翔，龙翔凤翥，就是龙凤齐飞。

明代　紫檀周制百宝嵌花卉小盒
长 7.3 厘米

从它的镶嵌工艺和形制上看，是明代后期的。当时特别流行椭圆的盘子，后来逐渐变成方中圆，也就是方形带圆角。

清人钱泳在《履园从话》中记载：“周制之法，惟扬州有之，明末有周姓者，始创此法，故名周制。其法以金、银、宝石、珍珠、珊瑚、碧玉、翡翠、水晶、玛瑙、玳瑁、砗磲、青金、绿松、螺钿、象牙、蜜蜡、沉香为之，雕成山水、人物、树木、楼台、花卉、翎毛，嵌于檀、梨、漆器之上。大而屏风、桌椅、窗格、书架，小则笔床、茶具、砚匣、书箱，五色陆离，难以形容，真古来未有之奇玩也。”这段话对周翥的百宝嵌进行了大致的描写，也做了客观的评价。

3. 中国的镶嵌艺术始于什么时候？

马未都评：百宝嵌集多种镶嵌工艺于一身，是中国镶嵌艺术的高峰。而早在商代就已经出现了镶嵌艺术，有存世的文物为证。

这是商代妇好墓出土的象牙镶嵌松石杯，是当时的富有者才能使用的。

商代　嵌松石象牙杯
高 30.5 厘米　中国国家博物馆藏

明晚期　黄花梨百宝嵌双龙戏珠罗汉床
长 225 厘米　观复博物馆藏

明末清初　黄花梨百宝嵌番人进宝图顶竖柜
高 272.5 厘米　故宫博物馆藏

清康熙　紫檀百宝嵌双龙捧寿长方盖盒
长 14 厘米　观复博物馆藏

镶嵌艺术对底板有比较严格的要求，底板不能有弹性，不能抽胀，这样不利于镶嵌的牢固性。百宝嵌主要的镶嵌对象是紫檀和黄花梨，红木的非常少见，因为红木缩胀得太厉害。使用最多的镶嵌底板是漆器，然后是杉木板或楠木板，缩胀最小，上面再髹上厚厚的鹿角粉进行镶嵌，一般情况下都不会缩胀。

上页上图是观复博物馆收藏的百宝嵌黄花梨罗汉床，它从尺寸到工艺，在明朝百宝嵌里都算顶级的，是天下第一的黄花梨大床。上页下图是故宫博物院的番人进宝百宝嵌黄花梨大柜，镶嵌得很满，如果使用红木，上面的镶嵌物早就剥落了。上图是一个康熙时期的镶嵌百宝紫檀盒，镶嵌的主要是螺钿。

古玩门诊

古玩一

清光绪　素三彩鹿头尊

这是一个鹿头尊，器型很大，底款写着“大清乾隆年制”，颜色非常热烈，在日常生活中很少见，采取一种格状的形式，视觉上却超过了格状的感觉。将瓷器画成格状是很难的，因为每个格的大小都不同。这件瓷器的重心在下部，下面的格子大于上面的格子，所以在设计画片的时候会非常麻烦，要事先把格子打好，再去绘画、填色。

它使用的颜色是清朝康熙年间最流行的素三彩，有黄、绿、蓝这三种颜色搭配，在普通的瓷器上并不多见。画片的中间穿插了一些花卉和龙纹，有黄龙，还有紫色的翼龙以及草龙。

这种造型叫鹿头尊，它的耳做得很特别，用珊瑚红色做了一个兽首，用蓝釉做了下半部分，并模仿金属器的造型。在整体的颜色使用上，它比一般瓷器大胆，色彩感非常强烈。

它的底款虽然写着“大清乾隆年制”，却是清后期光绪年间的作品，而且并不多见。制作工艺非常麻烦，画面繁复，制作成本偏高，也并不符合大众审美，所以能保存到今天很不容易，代表了光绪年间的一种摹古风潮。每个时代，当人们生活相对富裕时，老百姓就开始对收藏感兴趣，摹古之风就开始流行。

古玩二

明晚期　张鸣岐手炉

这是一个手炉，尺寸比较大，也可称为脚炉，放在脚底下，内部置入红炭。从材质上看它是红铜的，红铜比较柔软，因此它的铜柄是微弯过来的，而且弯得非常圆润。底部写着四个字，是篆字的“张鸣岐制”。张鸣岐铜手炉是手炉的第一品牌，明朝晚期又有“张炉”之称。张鸣岐手炉流传至今的非常多，这是品牌意识的诞生。

这个手炉使用过，还保持着使用状态，没有清理，污垢满身，炉体乌黑。如果清理出来，炉会非常漂亮，炉体的颜色原本与把手的颜色相同，但这种使用中的状态也很不错，有一种历史的沧桑感。

它是用一块铜錾的，模仿编织的效果。古书上记载，这种炉子置入红炭不会烫手，而且虽然看着很单薄，但用脚踩都不会变形。它微微有一点儿隆起，很漂亮。

这个手炉的年份是晚明时期，与张鸣岐同时代，从字形上讲，这种写法也是明朝末年的篆书方式，又有张鸣岐款，因此是张鸣岐炉。这是一个质量上乘的明代晚期红铜手炉，距今有400多年了，它的连接处有一些松动，这是岁月留下的痕迹。

珠宫贝阙彩螺钿

螺钿是古人生活中最常见的东西，螺是贝壳，钿是指金属镶嵌。贝壳有时候也作为一种主要的百宝嵌材料，但螺钿材料比较单一，虽然不算名贵，光泽却非常绚丽，在光线下会有各种颜色闪现。此外，贝壳是一种比较容易获得的材料，中国人曾经用它做过货币，因此它有一种价值感。在这种情况下，古人单独把贝壳镶嵌作为一个门类，就是螺钿。

在中国历史上，贝壳曾经是一种财富的追求，随着社会的发展，它变成了一种美学的追求。古代的螺钿工艺，无论是繁复的还是简约的，都充满了美好的意境。螺钿工艺是中国特有的艺术瑰宝，以其精工细作、华美朴实，深受亚洲乃至世界各国人民的喜爱。

这是一个清代的硬螺钿盒子，盒子开启的方式是推拉式。这种方式至今还在使用，在盒子中打一个槽，通过卡槽之间的舌头，可以直接插入，关得比较紧。

这个盒子是五面嵌螺钿的，镶嵌的方式并不复杂，是缠枝方式，镶嵌的纹饰是葫芦万代，镶嵌得很满。

清代　红木嵌螺钿葫芦万代长方盒
长 26 厘米　观复博物馆藏

这种螺钿不强调颜色，与彩螺是有区别的，它展现的是白色。盒子本身是红木，但红木木性有抽胀，对镶嵌工艺要求比较高，因此螺钿嵌得比较厚，又比较细，即使抽胀，也不足以把它挤出来，而如果嵌片过大，很容易在抽胀的时候脱落。

现代人喜欢硬木，在木头上嵌了螺钿纹样以后，就会显得很生动。因为有缩胀，有的嵌片会突出一些。镶嵌时，使用的通常是紫檀和黄花梨作为底板，如果嵌红木，就不够牢固，即使镶嵌的螺钿很细，也能感受到它被木头拱起来了。虽然红木是硬木，但螺钿比它还硬，时间久了就会有缩胀，表面就会有隆起。红木的镶嵌并不多见，因为它不适合镶嵌。但因为镶嵌的是白螺钿，会与红木深沉的底色形成强烈对比。彩螺钿依靠光的折射，会变换出很多色彩，非常漂亮，与红木的对比反倒不是很强烈。

这是一个桌屏，古人在研墨的时候放在砚台旁边，防止穿堂风把砚台吹干。不过它的原始功能已经丧失，更多的是一种文化追求，因此做得非常艺术化，将文人心目中的山水做在上面。

桌屏有很多种，这是螺钿镶嵌的。桌屏的侧面用螺钿粉与漆混合髹

清乾隆　黑漆点螺山水人物纹桌屏
高 62 厘米　观复博物馆藏

在屏风上面，在光线下不断地变换光泽，色彩斑斓。它的山水布局与清代绘画的山水大同小异，与瓷器上的画片也很相近。在披水牙子和牙板上有花卉装饰。

屏风的另一面也很精彩，是一首诗，体现了文人的追求。它一面是具象，一面是抽象，需要通过对文学的理解，来感受它所表达的意境。正面的山水是直观的，背面这首诗，有的字有点儿脱落了。这是一个叫竹光的人做的诗，底下还有印章。这首诗简洁朴素，第一句“危亭秋尚早”，说的是正面画有个小亭子，时间是秋天，但未到深秋。第二句“野思已无穷”，是说诗人对秋游的渴望无穷无尽。“竹叶一樽酒，荷香四座风”，说人们相约在竹林中饮酒，竹子下面荷花已经残败了。“晚烟孤屿外”中，“屿”是指岛屿，“晚烟”是指傍晚的炊烟。“归鸟夕阳中”，是说晚上有归鸟往回飞。“渐爱湖光冷”，是说诗人渐渐地爱上了秋天的湖光山色。最后一句“移舟月满空”，是说划船的时候看到月亮在天中悬挂。全诗略显文艺，但很有意境。

这是清代大户人家使用的一个螺钿器物，我们可以想见当时螺钿的普及，以及工艺的登峰造极。

古人的思想追求超过现代人，追求生活的安逸，通过一个案头陈设的屏风，我们可以体会当时文人的心境，通过诗歌也能准确地表达出来。

清代　乌木嵌螺钿双螭纹小盒
口径 5.4 厘米　故宫博物院藏

螺钿在中国工艺美术中不算大项，但也是不可忽略的一支。古人至少从唐代开始，就把螺钿作为一种很重要的工艺向世人展现。很多非常名贵的宫廷制造品都是用螺钿做成的。唐宋时期的宫廷螺钿，现存的大量保存在日本，中国反倒没能存留下来。元、明、清时期存世的螺钿相对来说比较多。

观复学堂

1. 下面这段文字取自唐代诗人白居易的哪首诗？

花钿委地无人收，翠翘金雀玉搔头。

……

惟将旧物表深情，钿合金钗寄将去。

钗留一股合一扇，钗擘黄金合分钿。

但令心似金钿坚，天上人间会相见。

……

马未都评：这是唐诗中关于螺钿的描写，出自白居易最有名的诗《长恨歌》。《长恨歌》是唐代诗歌里最辉煌的诗篇之一，描写了唐玄宗与杨贵妃的千古爱情。古代对爱情的描

唐代　平螺钿背圆镜
日本奈良正仓院藏

写往往非常委婉，而白居易通过《长恨歌》，把唐玄宗与杨贵妃的爱情表达得淋漓尽致，其中有很多句子流传千古，比如“回眸一笑百媚生，六宫粉黛无颜色”、“在天愿作比翼鸟，在地愿为连理枝”、“天长地久有时尽，此恨绵绵无绝期”。在这首诗当中，提到了很多与珠宝有关的东西，比如钗、钿，这也反映了当时的镶嵌工艺。

《长恨歌》中大量出现这些首饰，表明首饰中的镶嵌工艺在唐代非常风行。另外，唐代螺钿很多还镶在镜子上。唐代的镶嵌工艺非常发达，在日本的正仓院能看到很多唐代的传世文物，都是镶嵌的器物。

上页是收藏在日本正仓院的平螺钿圆镜。平螺钿，是指螺钿嵌在上面，用手摸着是平的。它的上面还嵌了红宝石，非常漂亮。这样的唐代遗物保留到今天是非常难得的。

左图是正仓院收藏的紫檀螺钿的阮，也叫阮咸。阮是一种乐器，以姓氏作为名称。右图是唐代的紫檀螺钿五弦琵琶，能让人体会到“犹抱琵琶半遮面，千呼万唤始出来”的美感。

唐代　紫檀螺钿阮咸
长 100.7 厘米　日本奈良正仓院藏

唐代　紫檀螺钿五弦琵琶
长 100 厘米　日本奈良正仓院藏

这些螺钿镶嵌的器物都是唐玄宗时期送给日本的，正仓院专门列《献物账》记录，“献物”就是将他人赠送的每件东西都记录在案，并保存至今。我们可以想见，当时唐明皇听的音乐就是用如此美丽的琵琶弹奏的，除了声音动听，也是一种感官上的愉悦。

2. 小说《金瓶梅》里，让西门庆去买螺钿床的是谁?

马未都评:《金瓶梅》第二十九回中说:“(西门庆)转过角门来到金莲房中。看见妇人睡在正面一张新买的螺钿床上，原是因李瓶儿房中安着一张螺钿敞厅床，妇人旋教西门庆使了六十两银子，替他也买了这一张螺钿有栏杆的床，两边槅扇都是螺钿攒造，花草翎毛，挂着紫纱帐幔，锦带银钩……”

这里的“妇人”，指的是潘金莲。西门庆把潘金莲娶到家后，先是花了 16 两银子买了一张床。买回来以后潘金莲又说李瓶儿的床比她的

明代　黑漆嵌螺钿花鸟纹架子床
故宫博物院藏

好，要求西门庆给她买一张好床。古代家具里最贵的就是床，于是西门庆到南京花了60两银子，又给潘金莲买了一张螺钿的敞厅床，敞厅床的前面带一个小厅，也就是拔步床。到了后来，《金瓶梅》第九十六回，西门庆去世后，家境败落，李瓶儿回来的时候还过问了这张床，它却已经以35两银子的价钱被卖了。

螺钿有两种，一种是厚的，一种是薄的。厚螺钿出现得比较早，比如日本正仓院收藏的唐代器物，不管是铜镜、琵琶还是阮，都是用厚螺钿镶嵌的。厚螺片一般都比较白，厚度通常为0.5~3毫米。上面这件黑漆嵌螺钿花鸟纹架子床就是明代的厚螺片，螺钿的主色调是白色。

薄螺钿又称为点螺，就是在漆还没干的情况下，将薄的螺片粘上去。点螺非常薄，甚至薄到0.1毫米。将螺用醋泡软后，彩螺可以被一层一层撕下来，有的是鲍鱼皮壳，有的是螺皮，再用漆粘在器物上面。点螺大量出现在明清时代，今天存世的点螺器物一般都不早于元代。

清雍正　剔红嵌五彩螺钿山水图挂屏
长102.5厘米　故宫博物院藏

明晚期　黑漆点螺钿人物仙鹤纹长方盒

这是软螺钿，螺钿非常薄，却能很细致地表现人物特征，给人流光溢彩的感觉，当时工匠们的技艺让人叹为观止。

百宝嵌最著名的工匠是周翥，螺钿也有非常著名的工匠，他叫江千里，也叫江秋水，作品下会留有名字“千里”，显得十分珍贵。

明晚期　“千里”款黑漆螺钿缠枝莲六方节盒
高 18 厘米　观复博物馆藏

3.《红楼梦》第五十一回中说:“宝玉听说，就命麝月去取银子。麝月道:‘花大姐姐还不知搁在那里呢？’宝玉道:‘我常见他在那螺甸小柜子里取钱，我和你找去。’说着二人来至宝玉堆东西的房内，开了螺甸柜子……”请问：贾宝玉为了谁去螺钿柜子里取银子？

马未都评：贾宝玉是为晴雯去取银子。晴雯与宝玉之间的关系非常微妙，晴雯撕扇做千金一笑，是《红楼梦》中的经典名篇。第五十一回中晴雯感染了风寒，也就是感冒，宝玉为晴雯请大夫，于是有了这么一段描写。

这一段提到了“螺甸小柜子”，在唐代诗歌里、古典小说《金瓶梅》和《红楼梦》里，都有关于螺钿器物的描写，可见中国古代文物是一脉相承的，也反映了当时的贵族人家、富裕人家使用器物的富丽堂皇。

曹雪芹是清代人，书中所描写的螺钿柜子也带有清代的工艺特征。清代螺钿越发普及，在苏州、扬州等地区，手工业非常发达。工匠制作螺钿很需要耐心，需要用小镊子将很小的嵌片夹起来，再拼成图案。

明代　黑漆螺钿山水花鸟柜
长 55 厘米

日本　黑漆嵌螺钿百宝戏鹰纹四节盒
高 7.5 厘米　大英博物馆藏

日本　黑漆嵌螺钿百宝鹦鹉纹四节盒
大英博物馆藏

一 | 二
三 | 四

韩国　黑漆嵌螺钿双龙纹盒
长 18 厘米　大英博物馆藏

缅甸　黑漆嵌螺钿花卉木托
直径 21.6 厘米　大英博物馆藏

清代螺钿工艺对周边国家都产生了影响，日本、朝鲜、越南等都有了螺钿。图一和图二是黑漆嵌螺钿百宝戏鹰纹四节盒和黑漆嵌螺钿百宝鹦鹉纹四节盒，图中的鹰和鹦鹉都比较肥硕，沿袭了盛唐的丰韵之美。图三是韩国的螺钿，他们的龙与中国的龙形象略有不同，有点儿像鳄鱼。图四是缅甸的螺钿制品。越南的螺钿比它还要细碎。

这些都足可见中国是一个文化大国，历史上具有强大的文化输出能力，对周边国家产生了极大的影响。

古玩门诊

古玩一

清代　笸箩纹匏器

这是一个养蝈蝈的葫芦器，专业术语叫匏器，也属于杂项类。历史上发明匏器的人叫巢端明，他是明朝人，因为厌恶官场政治，告老还乡后，到山中种葫芦，利用范制技术，把葫芦强行范成各种模样。

康熙皇帝非常喜欢匏器，曾命人专门去范制葫芦。康熙年间葫芦器的精品叫簸箕纹，也叫笸箩纹，也是匏器中很流行的纹饰。这件葫芦器是清代的，但有一点特别，在所配的盖子上镶嵌了一只蝈蝈，有点儿画蛇添足。

在古代，人们将这种匏器揣在怀里，冬天的时候里面的虫就会鸣叫，这一活动也叫养鸣虫。鸣虫包括蝈蝈、蟋蟀、竹蛉等。

古玩二

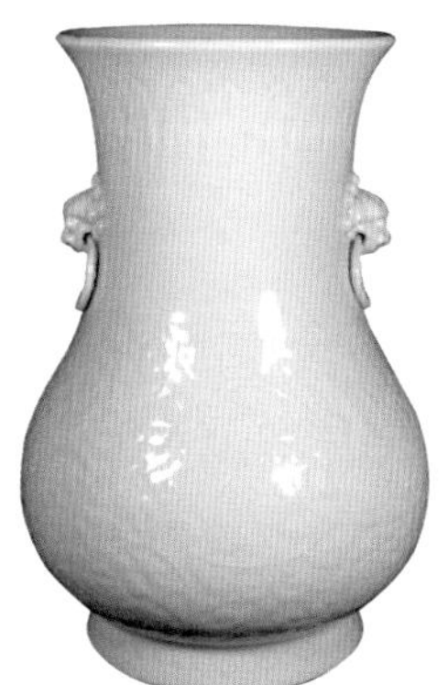

清康熙　月白螭龙撇口尊

这是一个康熙时期月白色的撇口尊，颜色近乎白色，铺首耳也很有意思，雕着螭虎。瓷器上面全是花卉，而且是龙穿花。其时代特征非常明显，它有仿古的意图，从造型到铺首耳都在仿古，但又不拘泥于仿古，其纹样非常世俗化，一边一个螭龙，在花卉中穿行。

它的刀法与清代康熙年间的工艺非常接近，底款写着“大明嘉靖年制”，但款识的写法也与康熙时期的风格类似，“大”字写得非常有力度。从底足上看，足中间有一道沟，这种带沟槽的底足，也是康熙时期比较流行的，因此它的年份是清代康熙年间。

这种形状的罐子内部一般都有明显的接胎痕，它并不是直接拉坯成形的，一般分成两三节。但这个罐子却没有看到接胎，因为这是一种敞口的器型，手能够伸进去，在做成之前进行了胎修，而其他一些小口的，手伸不进去，内部的接胎痕迹就非常清晰。

它的做工比较讲究，从雕刻工艺和施釉上看，应该是很有经验的工匠烧造的，追求一种白中闪青的颜色，在颈部还有纹饰，雕得非常浅，具有仿青铜器的意识。

此外，这种带沟槽的足不太常见，只有康熙时期出现，在康熙一朝的瓷器中占 5%~10%，后期不再做这种足，因为并无益处，只是徒增一道工序。

古玩三

这是一组日本酒杯，是非常薄的蛋壳瓷。在古代，五个一组的瓷器一般都是日本的，而中国的酒杯都是成对的。日本的酒杯、小饭碗，大都是五个一组。

杯底写着“大明成化年制”，在碗面写了各种形制的“寿”字 24 个，这种寿字杯是用来喝酒的。从字形和胎质可以判断是康熙年间的，距今 300 年了，做工非常讲究精致。从颜色上看，它带有雍正的味道，是康熙后期的。

瓷杯上面的“寿”字都是工匠手工书写的，非常有力度，字形偏长偏瘦，很有个性。文人拟定寿字的写法，再由工匠将不同的寿字写上去，如万寿大瓶，会写一万个“寿”字，每个都不一样。

清早期　日本蛋壳瓷“寿”字杯

百髹繁艺剔雕漆

雕漆，顾名思义，就是在漆器上动刀。一般硬碰硬为“雕刻”，硬碰软为“剔”，所以“雕漆”这个名称并不准确，准确的叫法是“剔”，如剔红、剔黑。漆器干燥以后会变得非常坚硬，不适合雕刻，而且会大块地剥落，因此成品的漆器是无法雕刻的。雕漆是在漆器半干状态下，用刀去雕刻。与百宝嵌、螺钿等镶嵌工艺相比，雕漆是一种做减法的工艺。

这是一件清早期的剔犀长方盒，保存状态非常好，距今 300 多年了，当时就是摆放在文人案头的文具盒。这里的“犀”字有两种解释，一是说它像犀牛的肚脐一样，呈斑驳状，是一层一层的。此外，“犀”又指一种刀法，剔犀是一种比较老的传统工艺，至少在宋代就开始流行。

汉代以前的漆器，基本上是红、黑两个色调。到了宋代，人们利用这两个颜色创造了一门技艺，叫剔犀，用黑漆髹一道，红漆髹一道，如此一层层反复叠加，到一定厚度的时候，在漆膜呈半干状态时用刀来剔，形成很有层次感的清晰纹饰。由于每一个纹饰都非常圆润，像云彩一样，因此又叫云雕。云雕在日本叫作曲轮，意思是弯曲回转。

清早期　剔犀长方盒
长 24.4 厘米　观复博物馆藏

战国中期彩绘漆盒
口径 25.8 厘米　荆州博物馆藏

战国中期　彩绘漆耳杯
杯口长 17.5 厘米　湖北省博物馆藏

南宋中期　剔犀执镜盒
长 27 厘米　常州市博物馆藏

元代　剔红如意纹盏托
直径 16 厘米

明早期　剔犀龟甲纹大碗
直径 20.5 厘米

明宣德　剔红牡丹纹大盖盒
直径 22.3 厘米

历史上的剔犀，从北宋发展到清代，剔犀的材质基本上没有太大的变化，时代风格不是特别明显，这就增加了辨识剔犀年代的难度。因此需要从其他几个方面入手，比如造型、磨损状况，以及其他的附加特征——宋代的剔犀，就经常在内部贴银。

剔犀这门技术一直流传至今，山西平遥就有人在做，只是图案有所变化，创造了很多新颖漂亮的设计。

明代　剔黑如意纹方盘、重盒

清乾隆　剔红蝙蝠牡丹纹花口盘
观复博物馆藏

在所有漆器里，剔犀这个品种的变化是最小的，剔红、剔黑、剔黄、剔绿还比较容易辨识，因为有不同的图案辅助，可以分辨出自哪个朝代，不过剔犀的主体图案基本没有变化。比如上面这件剔犀长方盒，单从图案鉴定，很难分辨是晚明还是清初的，时代特征不明显。但从造型上看，如果有一点儿倭角，它的年份就偏早，因此剔犀可以从其他细节去做专业鉴定。

这是一个清代的花口盘，形状如同菊花开放，共 16 瓣，每一瓣上都刻有菊花。周围是四季花卉，有荷花、菊花、牡丹、梅花，中间有一朵盛开的大牡丹，表明花开富贵。

这个剔红盘是乾隆年间的作品，与元、明时期的风格明显不同，它失之琐碎，太过于强调工艺，将早期剔红工艺的很多优点都遗失了。早期剔红工艺往往粗枝大叶，非常肥厚古朴。而这种细碎的风格，纯粹是为了迎合市场需要。

清代有大量剔红、剔犀的雕漆作品走进民间，民间的需求非常世俗化，喜欢雕得比较琐碎，这种琐碎满足了一种市场需求，体现了人们心里的喧嚣浮躁。清代老百姓很难理解当年张成、杨茂等人对剔犀的感受，早期创作者都是非常个性化的，但雕漆进入市场以后，就变得越来越共性化。

这个普通的剔红盘子距今有200多年的历史了。它的工艺很一般，但并不廉价，也是普通人家中比较贵重的东西。这种雕漆不是实用品，而是用来欣赏的，体现着人们的精神追求。中国人从宋代就开始创造了剔红、剔犀这两个漆器品种，也体现了民族的精神追求。

明永乐　剔红菊花图盒及细部
口径23.5厘米　故宫博物院藏

1.现存最早的剔红实物是什么时期的?

马未都评：下面这件中国最早的漆器，是河姆渡文化出土的漆碗，它只有一层漆。漆有两个功能，一是装饰，二是防腐，尤以防腐功能为主。

很多器物都会锈蚀或者腐烂，刷上漆以后，保留时间会长一些。中国人发现，从漆树上取下树汁，涂在器物上，可以达到防腐功能，所以在河姆渡文化中人们已经开始使用漆了，漆器的历史非常长，到了战汉时期，在漆器上开始出现了纹样。

三国时期朱然的墓被偶然发现以后，曾出土过一个漆盒，黑漆盒上针划的线非常清晰，有早期云雕之感，也就是剔犀的前身，但工具是针。这促进了此后剔犀、剔红漆器的产生，人们开始用利器在柔软的漆器上下刀。宋代人的生活很好，经济发达，积累了很多财富和文化，也创造了很多新型的漆器。

河姆渡文化　朱漆木碗
高 5.7 厘米　浙江省博物馆藏

三国吴国　锥刻戗金黑漆盖盒
高 11.5 厘米　安徽省文物考古研究所藏

南宋　剔红凤凰牡丹圆盒
直径 17.6 厘米　日本圆觉寺藏

南宋　剔黑山水景物圆盘
直径 31.2 厘米　日本圆觉寺藏

漆器分两类，一类是不动刀的，一类是动刀的。不管是剔红、剔犀还是剔彩，都一定要动刀，这是中国漆器文化的独特现象。宋代就有剔红的实物，可惜存世的作品全部都在日本。

左图是当时赠送给日本的器物，而中国人没有珍惜，最终没能保留下来。右图是一个剔黑圆盘，图案不太清晰，基本内容是亭台楼阁。这是宋人徐子元于 1279 年带到日本的，收藏在圆觉寺，并有相应的记录。上图是南宋时期的漆器，底下写着一个“泰”字，可能是编号，出自《千字文》(“岳宗泰岱，禅主云亭”)。

目前中国存世的剔红、剔黑作品，基本都只能上溯到南宋。北宋时期的墓葬中曾出土过剔犀漆器，而没有剔红、剔黑的漆器，但是不能否认宋代就已经创造了雕漆文化。

明代漆工黄大成著有重要的漆器著作《髹饰录》，内容包括制漆设备和工具、制漆要点、漆器装饰方法、漆器胎骨等。他对雕漆进行了诠释：“剔红，即雕红漆也。”“雕红漆”这种说法比较通俗，但是不够准确，因为雕的概念是用刀在坚硬的器物上刻划，漆器应该用“剔红”，只是这种说法，一般百姓很难理解。

书中又说：“髹层之薄厚，朱色之明暗。雕镂之精粗，亦甚有巧拙。

南宋 《后赤壁赋》图堆朱盒
口径 34.4 厘米 日本东京个人收藏

唐制多印版，刻平锦朱色。雕法古拙可赏，复有陷地黄锦者，宋元之制，藏锋清楚，隐起圆滑，纤细精致。”“唐制多印版，刻平锦朱色”，是说唐代的时候常用漆器，像做木版水印或雕版印刷一样，很有欣赏价值。“复有陷地黄锦者”，“陷地”就是深雕，这就是雕漆的宋元之制。这段表述基本准确，体现了宋代雕漆的工艺特点。

《髹饰录》是现存最早的一部漆器工艺专著，幸存于日本。1927 年，朱桂辛先生将《髹饰录》的影印本带回中国，中国人才知道中国历史上有关于漆器的专著。

2. 剔红髹漆至少要刷多少道？

马未都评：雕漆是一种工艺，其中很重要的一环就是髹漆。在古代，“髹饰”是遮盖的意思，就是在器皿上面刷漆，将器皿盖住。这与现代的修饰不同，修饰是不断地修整，而漆器的髹饰是一层层进行的，不论是剔红、剔黑还是剔犀，都要刷很多道漆。

果园厂是明代皇家建立的专门制作漆器的机构。据史料记载，剔红、髹漆至少要刷 36 道以上。漆器如果刷得不够厚，就无法进行雕刻，因此第一道漆刷完后，在半干状态时刷第二道，晾至半干，再刷下一道，如此重复，至少刷 36 道。明末高濂在《燕闲清赏笺》中记载，元时有张成、杨茂二家“技擅一时”，也就是说，他们的技术非常有名，很擅长雕漆。张成的儿子叫张德刚，曾经主管过果园厂。但是“用朱不厚，漆多敲（翘）裂”，也就是说在最初的时候，漆相对都比较薄。“若我朝永乐年，果园厂制，漆朱三十六遍为足”，也就是说，永宣时期的漆器质量高，与刷漆 36 遍有很大关系。

漆器有两类，比较朴素的一类就直接髹漆刷一道，而另一类，比如刷 36 道的漆器，就会增加很多成本，此外还要雕刻。因此，此种漆器大都作为赏玩器物，而非实用器。

元代　张成造剔红栀子纹圆盘
口径 16.5 厘米　故宫博物院藏

元代　张成造云纹剔犀盒
直径 14.8 厘米　安徽省博物馆藏

一 | 二
三 | 四

元代　杨茂造花卉纹剔红尊
口直径 12.8 厘米　故宫博物院藏

元代　杨茂造观瀑图八方形剔红盘
口直径 17.8 厘米　故宫博物院藏

明永乐　五老图倭角方形剔红盘
口直径 17.7 厘米　故宫博物院藏

上页图一是元代张成制作的剔红栀子纹的圆盘，非常肥厚，因为有很厚的漆膜，才能雕刻得如此饱满，而宋代雕漆相对较浅。图二是一件张成所制的剔犀盒，采用了云雕，形制很小，非常漂亮。图三是杨茂制作的花卉纹剔红尊，也称渣斗，其剔红风格与张成的相似，都非常肥厚，这在古代很难得，成本很高，都是孤品。图四是一个杨茂造的观瀑图八方形制的剔红盘，也是元代的，剔得比较简单。上图是一个明代永乐年间的五老图倭角方形剔红盘，上面绘有人物，题材是五老。从其雕刻工艺上，可见明初沿袭了元代的肥厚感。而到了清代乾隆时期，雕刻风格就很细碎，十分流俗，体现了一个由雅到俗的过程。

3.《髹饰录》共分多少章？

马未都评：《髹饰录》共分 18 章，有乾、坤两集。在乾集中，主要讲雕漆的工具和准备，以及一些具体的方法。这是一个宏观的说明，接着在坤集中具体地讲述漆器的每个品种。

《髹饰录》目录图

乾集	坤集	
利用第一	质色第三	戗划第十一
楷法第二	纹匏第四	編斓第十二
	罩明第五	复饰第十三
	描饰第六	纹间第十四
	填嵌第七	裹衣第十五
	阳识第八	单素第十六
	堆起第九	质法第十七
	雕镂第十	尚古第十八

第一个叫“质色”，也就是质朴的单色。第二个叫“纹匏”，是一种丝绺状略微隆起的漆器，类似于葫芦器隆起的感觉。“罩明”是指漆器做完后，罩一遍透明漆。“描饰”就是描画。“填嵌”就是百宝嵌，螺钿、漆器也算填嵌类。“阳识”，阳是凸起来，古代有“识文描金”的说法，是在凸起的地方描金，“阳识”是纹饰略有凸起。“堆起”，表明凸起的部

元代　剔红水仙纹圆盘
盘径 21 厘米　故宫博物院藏

元代　剔红东篱采菊图圆盒
口径 20 厘米　上海博物馆藏

分比阳识更高一些。“雕锼”，剔犀、剔红都属于雕锼。“戗划”是在漆器中用尖锐的工具划出线来，再涂其他颜色，如涂金。“斒斓”，是“斑斓”的异体字，指五彩斑斓的花漆。“复饰”是指漆器有两个以上颜色。“纹间”是在纹饰之间做工艺，进行描述。“单素”是指素漆一种。“质法”是具体的手法如何表现的意思。“尚古”是最后做总结。

这是一本非常专业的书，不研究漆器的人不会去看它，也看不懂它，但这并不影响我们尊重这种古代文明。永宣时期的剔红工艺品，现在在国际市场上被广泛认可，这是对中华文化的认同。

中国古代受传统思想的影响很深，认为清代是游牧民族政权，在文化上略输于明代，这是一种偏见。清军入关以后，积极地学习汉文化，向汉文化靠拢，才有大清此后将近300年的历史长度。从元到明清之间的漆器上，我们可以看到文化的延续性。到了清代，漆器所表现的内容开始世俗化，十分琐碎。比照元明时期，清代的剔红缺乏大气，转而追求工艺的极致。

明永乐　剔红花卉花瓣形椭圆盘
长 19.6 厘米　大英博物馆藏

明永乐　剔红山水人物图莲瓣形盘
盘径 34.8 厘米　大英博物馆藏

明宣德　剔红林檎双鹂图捧盒
口直径 44 厘米　故宫博物院藏

明宣德　三屉剔红供案
高 79.2 厘米　英国维多利亚和阿尔伯特博物馆藏

清中期　剔彩蝙蝠云纹春字捧盒
直径 17.3 厘米
英国维多利亚和阿尔伯特博物馆藏

清乾隆　剔红开光人物龙纹宝座
宽 125.7 厘米
英国维多利亚和阿尔伯特博物馆藏

古玩门诊

古玩一

清乾隆　铜蚰蜒耳宣德炉

这是一个乾隆年间的宣德炉，它有蚰蜒耳，器型标准，敲击后声音很动听。很多人不喜欢铜器带锈，外表如果有氧化层，颜色就会变得暗淡，因此人们会将铜制品擦得很亮。明代以前的铜都叫青铜，含有很多杂质。宣德年间，暹罗（泰国）国王向明朝进贡黄铜，这种铜经过了反复冶炼，去掉了杂质，灿若黄金，非常美丽。流传到今天的宣德炉，颜色都比较暗淡，只要将表面的氧化层擦掉，宣德炉依旧会很亮。

这个宣德炉的底款保持了原始状态，由此可以判断它的年份，是清代乾隆年间的，只是不及宣德年间的宣德炉精致。宣德年间的宣德炉非常有名，后来人为了仿制高质量的宣德炉，在内部加入少量黄金，香炉的质感得到了很好的提升。

古玩二

下页是一个粉彩人物异形碗，它的内部是棱状的，带有花口，镶着金边，是用模具制造出来的。此碗非常薄，用于观赏。碗表面有繁

清道光　粉彩人物花口碗

复的绘画和文字，文字非常小，有些很难辨识，记述的是四个历史名人——花木兰、谯国夫人冼英、吴越王钱镠、北地王刘谌，以及与他们相关的词牌。

清代康熙年间有一本书叫《无双谱》，选了前朝历史上的72个名人。《无双谱》对清代各种工艺品的影响非常大，瓷器上经常可以看到有关《无双谱》中人物的画片，这些人物的姿势都依照《无双谱》中的图案进行绘制。《无双谱》是木刻的，带有版画，图文并茂，一边是人物造型，另一边是文字解释，对人物的描绘都是舞台造型。

碗上的四个人中，人们最熟悉的是花木兰。此外有谯国夫人冼英，她在南越国统治时期，拥护中央统一，加强民族团结，使岭南各族百姓安居乐业，至今在广东地区，她还非常受尊重。钱镠是吴越国的开国君主。北地王刘谌是刘禅之子，当年曾劝谏父亲不要沉溺于声色犬马，这样会亡国。刘禅不听，于是刘谌绝望自杀，妻子同死，以此殉国。这些都是中国历史上很著名的典故，清朝非常提倡传播这种故事。

碗的底部写着“大清道光年制”，就是道光本年的瓷器，这种花口碗在嘉庆、道光年间非常流行，距今170多年。这种薄瓷碗保存到今天，实属不易。

炉火纯青话铜器

提到铜的历史，不能不先说青铜器。在中国传统的收藏中，青铜器算一个大门类，不算杂项。青铜器在中国文化史上具有崇高的地位，古代有“山河九鼎”的说法，国家的大铜鼎都是青铜器。到了明清时期，黄铜逐渐进入了朝廷和公众的视野，开始流行。今天所说的杂项，专指明清时期的铜器。

铜是古人最早认识和利用的金属之一，它有非常好的延展性，通过精心锤炼，可以铸造成不同的铜器，它们装点着古人的生活，也体现着古人的智慧。早期铜器是铜和锡的合金，其强度和耐腐蚀性都不如纯铜；黄铜出现后，又有紫铜（红铜）、白铜等各种铜，只是铜的含量不同。

清乾隆　铜洒金弦纹瓶
高 25 厘米　观复博物馆藏

青铜在铜器当中质地最差，虽然冶铜技术在不断进步着，但中国是一个少铜的国家。在这种历史背景下，明清时代的铜器依旧在发展着。

上页是一个洒金的铜瓶，具有摹古之风，是清乾隆年间的。晚明的洒金工艺一直影响到清代乾隆年间，这个瓶子洒金使用的金片有点儿小，而明代经常洒大片。将铜器做成瓶子状，是为了炫富和体面，犹如现代用黄金打造花瓶，放在家中来体现其价值感。它的底款是乾隆年间款，这有可能是宫廷的陈设器物。

这种瓶子在乾隆年间比瓷器要贵重得多，因为它使用的是货真价实的铜。从造型上讲，这是清代乾隆年间的典型造型，瓶子上有一些简单的装饰，比如有几道弦纹，此外可以欣赏它的质感和洒金片。

即使到了现代，作为陈设品，人们依然会觉得它很漂亮，十分收敛。如果通体鎏金，反倒难看。历史需要的就是这种斑驳感，因为历史本身也是有残缺的，需要等待时光来印证真实情况。

晚明　铜透雕云龙纹狮耳熏炉
高 23.5 厘米　观复博物馆藏

上页是一个熏炉，我们日常生活中看到熏炉的机会不多。古代带盖子的炉，制作起来比较麻烦，一件器物需要做两部分，它的盖子本身就构成了一个炉的体量和工艺，非常复杂。下面是炉身，底部写着“大明宣德年制”，却是晚明时期制作的，是一个铜透雕云龙纹海八怪狮耳熏炉，这是当时非常流行的炉式。熏炉铸造完成后，再一点点錾刻出来，而不是完全雕刻出来。铜雕非常麻烦，要先铸造出一个大体形态，比如海八怪的海兽是凸起来的，但是最初眉眼并不清晰，炉身上的海浪也不清晰，完全靠人工一点点凿出来，旁边两个大狮耳显得非常凶猛。这个熏炉从分量上讲很大，盖子和器身放在一起的时候，非常沉重。这是因为在熏香的过程中，衣服罩在上面，有时候会带动熏炉，如果炉太轻了就容易被带翻。

熏炉的盖子上有龙和凤凰两种动物，就是“龙翔凤翥”。盖子头上的部位也是空心的，依然可以有香烟缭绕。如果能够看到它烟雾缭绕的状态，将是非常好的感觉。

这类熏炉在明代晚期，是一种微观的精致，富裕家庭中的文人多了一份平常人感受不到的内心感受。

这也为我们的现代生活带来了一种启发，比如饮酒，将很昂贵的酒来牛饮，是不懂得品酒。今天通过对古代文物的了解，去了解古人生活中的细致部分，可以提高自身的生活质量。

1.明代暹罗国进贡的铜叫什么？

马未都评：明清时期的铜器跟以往完全不同。明代暹罗国（泰国）进贡的铜叫风磨铜，其制品非常受欢迎，到后期甚至成为一种炫耀的资本，是一种有档次的铜器。

风磨铜的主要特征就是精炼，把所有的杂质都去掉，而宣德炉之所以流行，就是因为它质地很好。《宣德鼎彝图谱》中记载："……计开：赤金八百两，白银三千六百两，暹罗国生矿洋铜三万九千六百斤……"《宣德鼎彝谱》中记载："宣德三年，暹罗国王进贡风磨铜数万斤。"从明代至今，喜欢收藏宣德炉的人都会说自己的藏品是风磨铜。

铜要经过千锤百炼，纯度才能更高，而每次冶炼都会损失重量，越炼越精。铸造香炉的时候会加入一些矿物质，使香炉呈现梨皮色、棠色等各种颜色，因此流传至今的铜炉会呈现出不同的颜色，有些宣德炉还含有一些黄金。

中国人使用青铜的历史非常长，从夏代开始就有最简单的青铜，到商周以后青铜文化非常盛行，成就很高。商周以来，历朝历代都把青铜器奉为圣品，所有收藏者都认为青铜器是藏品中等级最高的，但商周时期的铜由于历史条件所限，含有大量杂质，如锡、铅等，质地不佳。

从汉代到宋元，铜器的制作一直沿袭青铜器的做法，并不在乎杂质。宣德炉的材料是暹罗国进贡的。中国人对器物

17 世纪　冲耳式宣德炉（棠色）
口径 11.4 厘米

16 世纪　冲耳式宣德炉（藏金色）
口径 14 厘米

18 世纪　冲耳式宣德炉（栗色）
口径 12.2 厘米

17 世纪　鬲式宣德炉（棠梨色）
口径 9.5 厘米

明早期　铜蚰蜒耳香炉
口径 17.1 厘米　观复博物馆藏

铜桥耳式香炉
高 15.5 厘米　观复博物馆藏

明崇祯　冲天耳洒金三足炉
口径 12 厘米　王世襄旧藏

明代　铜双鱼耳炉
口径 12.8 厘米

非常感兴趣，强调器物的质感，因此黄铜进入中国大受欢迎，人们开始用黄铜制造宣德炉。

中国工匠依靠自身的聪明和才智，使宣德炉呈现出多种颜色，有棠色、栗色、藏金色，这是文人追求宣德炉的前提。文化在落实到艺术品中时，很重要的一点就是依个性生存，没有个性的东西很难生存。此外，宣德炉也因其造型经典、样式繁多而流行。

2．洒金工艺是何时出现的？

马未都评：明代的铜器工艺有很多种，对铜的要求越来越高，而铜本身又是货币，铜器最低也与铜钱等值，因此在明代，用铜铸造器皿是富贵的象征。明代还出现了一些新工艺，比如洒金工艺。

从战国到汉代，鎏金是很重要的工艺，做法是将金和汞（水银）溶解在一起，刷在器物表面。汞蒸发以后，金就保留在表面。鎏金工艺使很多铜器变得富丽堂皇，而且能长时间保存。茂陵出土的鎏金马和汉代的长信宫灯，都是非常漂亮的鎏金器物。

洒金是晚明时期出现的新工艺，是斑驳状的局部鎏金，金是一片一片的，非常有趣。洒金的出现并非偶然，这源于晚明的复古之风。鎏金的器物在剥落后，看着有点儿像洒金。早期很多鎏金的铜器，比如汉以

西汉　鎏金嵌琉璃鸟形鐏
分别高 27 厘米、27.5 厘米　西安市文管会藏

西汉　鎏金青铜马
高 62 厘米　陕西茂陵葬坑出土

西汉　长信宫灯
高 48 厘米　河北省文物研究所藏

前的铜器流传到明朝后期时，也过去一两千年了，很多铜器呈现的都是斑驳状，当时人都很喜欢这种状态，认为很有历史沧桑感。所以工匠做的新铜器就不再通体鎏金，而是进行局部鎏金，使其成为斑驳状，看着有历史感，这是明代文人的主观追求。

明晚期　铜贴金牺耳饕餮纹方盖壶
高 45.5 厘米　观复博物馆藏

清乾隆　铜洒金狮耳炉
高 39 厘米

明宣德　洒蓝刻花鱼藻纹碗
台北“故宫博物院”藏

清代　三足洒金铜炉
高 34 厘米

洒金的金片分布不均匀。瓷器中有一个词叫“洒蓝”，就是分块的。晚明的洒金一直风行到清代乾隆年间，接近 200 年的时间。洒金节省成本，比鎏金实惠，它的审美感是新潮的。

3. 晚明流行三种铜炉具，请问是哪三种？

马未都评：晚明流行的炉具主要有三种：香炉、熏炉、手炉，它们功能不一，现在非常容易弄混，不过古人却非常清晰。

明晚期　香音斋铜手炉
高 9 厘米　观复博物馆藏

明晚期　铜透雕云龙鎏金莲蓬头钮熏炉
高 21.5 厘米　观复博物馆藏

清雍正　铜洒金竹节香炉
口径 21.3 厘米　观复博物馆藏

上页图一是手炉，又称暖炉，功能是取暖，如同现代的热水袋。古代室内没有取暖设备，一到冬天非常冷，人们身边就放一个手炉来取暖。这是明代后期非常有名的手炉，制作精美，天天拿在手里，置入红炭而不烫手。

图二是熏炉，带盖子，功能是熏香，用来熏衣服，如同现代人在身上洒香水。古代富贵人家的生活特别讲究，都要熏衣服，熏香至少从战汉时期就开始了。另一种熏炉可以在房间内散发香气，用来净化空气。

图三，是香炉，用来祭祀供奉。人们常说“在佛前插三炷高香”，而香炉就是用来插香的。文人书房中用的往往是塔香、印香或盘香，而非炷香。炷香在明代以前都很短，长炷香出现得很晚。

明代有很多制作铜器的名家，比如张鸣岐是手炉名家。香炉的名匠是胡文明，他制作了很多洒金香炉。晚明时代很多优秀的工匠都留下了名字，比如江千里的螺钿、时大彬的紫砂、陆子冈的制玉、朱松邻的竹刻等。

明代　胡文明制铜鎏金饕餮纹夔龙耳簋式炉
口径 10.6 厘米

上页是一个晚明时期的饕餮纹夔龙耳簋式炉，是胡文明制作的，带有洒金，也就是铜鎏金。它的上面写着“云间胡文明制”，云间指的是现今的上海地区。

这是一个瓜棱形手炉，是张鸣岐制作的，在当时是一种奢侈品，由此可见当时人生活的雅致。

明代　张鸣岐铜瓜棱形镂空雕提梁暖炉
直径 23.1 厘米　观复博物馆藏

古玩门诊

古玩一

清道光　耕织图薄胎瓷杯

这是一个薄胎小杯，底款写着“大清道光年制”，带有花口，碗画得很精致，人物也画得很好。上面的图是标准的画片，从康熙年间开始出现。当时康熙皇帝命令工匠画了耕织图，“耕”指的是吃饭，“织”指的是穿衣，吃穿问题是自古以来最重要的两个问题。

瓷杯上的画片是“织”的一个环节，描述了染丝的工艺工程。“丝成练熟时”，就是把丝捣练出来。“万缕银光皎”，指很多丝纠缠在一起，如同银色的月光。“因为五色形”，是指染丝。“……曾费葛仙老。奇方自圣传，不继何人晓。染得色鲜明，多是天工巧。”这是一首御制诗，也就是皇帝写的诗，诗下的印章是“雅玩”。

耕织图有很多画片，比如在“耕”图中，从犁地开始，播种、除苗、丰收、刈麦等全过程都有。在“织”的部分，如何养蚕、喂蚕、蚕的吐丝、缫丝、染色、织布，也是全过程都有，这个画片只是其中一节。

这种碗在当年是成套出现的，与其他的耕织图组合在一起。这个杯子只表现了其中一段画片，画工很精致，在当时也是富贵人家的用具，在饮茶时使用，同时也可欣赏古代文化。

汉族是农耕民族，国家一直很提倡农耕。中国人的穿着在历史上一直是高品位、高质量的，由于丝的贴身与舒适，西方人很喜欢中国的丝制品。现代因为纺织业的发达，我们无法体会古代下层人民的穿衣感受，他们穿着的麻织品非常扎人，很不舒服。中国的丝织品对西方影响很大，在很长一个历史时期里，西方人的丝都是从中国进口的。

古玩二

这是一个绣墩，是以前放在炕上用来坐的。绣墩是中国古代重要的家具之一，平时是摆设，临时可以坐一下。这件东西的尺寸稍小，一般的绣墩有40厘米高，绣墩放在房屋中间，是为了“一圆破方”，因为古时房屋都是方的，其他家具也是方的，放一个圆形的东西来平衡，就会很好看。

绣墩也叫鼓凳，因为瓷器比较凉，通常会在外面罩上一个漂亮的绣好的套子，因此叫绣墩。绣墩的主要功能是陈设，而不是使用。在清晚

清光绪　湖蓝色绣墩

期，它通常做案头陈设，有时候会作为一个器座，比如在它上面放一把壶，垫高后会更漂亮。

这件东西是湖蓝色，在清末光绪年间最为流行。上面画有白头翁和绶带鸟，从画片上讲，光绪年间也很流行绘画这种倒置的鸟以及绒球似的花。瓷器到了同治、光绪年间，有一部分出现了从来没有过的颜色，慈禧太后非常喜欢这类偏女性化的颜色，民间也开始流行，出现了这种湖蓝釉的、略微艳俗的瓷器。这个清晚期光绪年间的绣墩画面很不错，画得比较满，还带有金钱纹。

古玩三

这是一件青花缠枝莲纹天球瓶，缠枝花卉是清代最流行的画法之一，到了清中期，绘画缠枝花卉的工艺已经非常娴熟了。

清乾隆　青花缠枝莲纹天球瓶

天球瓶是明初永宣时期创烧的瓶子，它的造型特点是上边有一个长颈，重心完全在下部。相比之下，清代的造型更加挺拔，瓶颈更长，器身更加丰满，而明代的风格比较古拙，器型稍矮，十分敦实。

它的底款写着“大清乾隆年制”，就是乾隆本年的民窑天球瓶。天球瓶是当时极为流行的造型，它的颜色稍显沉稳、略暗，符合乾隆时期的颜色，而不是康熙时期那种很漂亮的翠毛蓝。它的画工也符合乾隆时期的风格，比较规范，蕉叶以及纹饰都十分规整。这是一个很标准的清代天球瓶，如果它的造型略显矮扁，就可能是明代制作的了。

信手拈得翠色来

大文豪苏东坡曾经说过“宁可食无肉，不可居无竹”，可见自古以来，在中国人的生活和文化当中，竹子有着非常高的地位。它不仅在日常生活的衣食住行中应用广泛，也被赋予了非常丰富的文化内涵。

竹木牙角是人们最熟悉的文玩杂项中的门类，中国人很聪明，善于在艺术创作当中就地取材。竹木牙角器中，竹是最廉价的材质。首先，竹子取材方便，容易获得。其次，竹子耐腐，不容易腐烂，有一定的硬度。因此，竹刻艺术品深受藏友和市场的喜爱。

竹刻艺术是竹子艺术品中最主要的门类，此外还有其他表现形式，比如竹编艺术。在古代，使用竹编制品的机会很多，比如竹筐、竹篓等。

这是一件竹制笔筒，一般人以为笔筒是放笔的，但是古代的笔筒通常用来放杂物，而把毛笔挂起来，以防腐蚀损坏。最早的笔筒就是用来

清代　竹雕山水人物纹笔筒
高 15.6 厘米　观复博物馆藏

竹雕山水人物纹笔筒局部

装杂物的，不过叫杂物筒并不雅致，因此称之为笔筒。

这个笔筒从尺寸、题材、工艺上看，都具有明末清初的典型特征。笔筒上刻有山水庭院、亭台楼阁，还有植物、人物，内容很丰富，是比较祥和的生活画面，体现了当时文人的内心追求。

古人追求的目标比现代人生活化，希望过上小康生活，家人平安，悠然自在，这种幸福很容易达到。而现代人的愿望很高，因此也容易疲惫。从这个笔筒上能看到古代文人内心的追求，上面绘有枝繁叶茂的梧桐树和芭蕉树，还有竹子以及流水，这是一种很田园化的生活，反映了当时社会的状态。

清代　吴之璠荷仗僧笔筒
高 17.3 厘米　故宫博物院藏

清代　吴之璠松荫迎鸿图笔筒
高 15.1 厘米　上海博物馆藏

清代　罗汉竹文字对联
长 99 厘米　观复博物馆藏

在明末清初一二百年的时间里，这种艺术品在民间比较普及，这就是那时候的一个标准器。它分量很轻，除了水分的流失，还因为随着岁月的流逝，它内部的结构变得疏松，外部留有一些裂痕。

这是一副古代文人书房中悬挂的对匾，使用的是罗汉竹。这个匾先用红漆打底，再描上金漆，文人挂在家中，用来提示自己。它的上联是“福绍先宗频展谋猷成伟业”，是说祖辈很有聪明才智，成就了家门的伟业；下联是“恩覃后裔绵延瓜瓞荐馨香”，“恩覃”是“恩泽广被”的意思，同时也是地名，在今天的江苏盐城县，也就是说后人享受祖先的福荫。“瓜瓞”，是瓜瓞绵绵之意，大瓜为瓜，小瓜为瓞。“荐馨香”就是推荐，“馨香”是指祖宗的心意得到绵延，这是一个吉祥语。用罗汉竹做的一副对联，比一般的竹节对联更雅致、有个性，也是文化给人们带来的乐趣。

竹子是最为普通的一种材料，古代工匠利用这么普通的材料，能让每一个中国人体会到其中的乐趣，这就是先人的智慧。

1.竹子开花结果吗？

马未都评：竹子很不容易开花，花期也不固定，一般是40~120年会开一次花。竹子开花被人们视为大凶之兆，因为开花后竹子就会枯死，所结的果称为竹米，是可以食用的，但比较粗糙，是啮齿类动物的食物。竹子开花结果后会引来田鼠，而田鼠的大量出现，对于农业为本的国家来说，是不吉利的。

晋人戴凯之撰写的《竹谱》中记载："竹六十年一易根，易根辄结实而枯死，其实落土复生。"人们通常认为竹子是靠竹笋繁衍的，春天的时候竹笋会旺盛地生长，但竹子的传宗接代却是靠它的果实竹米。

竹子有300多个品种，数量最多的是毛竹，此外还有斑竹、紫竹等，熊猫吃的竹子比较单一，叫箭竹。

箭竹

毛竹

罗汉竹

斑竹图

2. 罗汉竹因何得名？

马未都评：罗汉竹的外形很像罗汉的肚子，由此得名。我们看到的罗汉形象都是大腹便便的。古人对大肚子的人都很尊敬，因为那是有钱人的象征，说明丰衣足食。在中国有文字记载的历史中，吃穿永远是问题，因此古人就把罗汉的大肚子当作富裕的象征。

毛泽东词中说“斑竹一枝千滴泪，红霞万朵百重衣”。实际上，斑竹不能算一个品种，它是霉变造成的，后来被晚明文人推崇，认为斑竹是一种极高的审美，很欣赏斑竹做成的工艺品，也称为湘妃竹，或湘竹。传说舜帝死后，他的妃子娥皇和女英泪下沾竹，所以形成了竹子上的斑。

此外还有紫竹，它是根据颜色定名的，比如北京有个公园叫紫竹院公园。紫竹又叫墨竹，因为竹竿是黑色的，也就是深紫色。普通的竹子都是绿色的，还有竹子呈现出金黄色。

紫竹

3. 明代有竹刻名手朱松邻、朱小松、朱三松，并称“竹三松”，这三个人是什么关系？

马未都评：在竹制艺术品中，主要的门类都是竹刻艺术，朱松邻、朱小松、朱三松是中国竹刻史上最重要的工艺美术家。朱松邻是晚明嘉万时期的人，名朱鹤，朱小松叫朱缨，是朱松邻的儿子，朱三松的父亲，朱三松叫朱稚征。朱氏祖孙三代都是刻竹名家。

左图是明代后期朱松邻雕刻的最著名的松鹤笔筒，雕工非常深，图案也很丰富。右图是朱小松的作品，他的刻工不如他父亲那么深，采用了标准的浮雕刻法。右图是朱三松的圆雕，他开始刻人物，画面上是一个老僧在补衣服。

这三个人的竹刻工艺，反映了各个时代的不同特点。竹刻工艺通常分为三种。一种是透雕，一般用来做香筒，使香味能够散发出来，通常笔筒很少有透雕的。此外还有浮雕，分为高浮雕和浅浮雕，还有一种叫留青，就是保留一层竹皮子。

明代　朱鹤松鹤笔筒
高 17.8 厘米　南京博物馆藏

明代　朱小松归去来辞笔筒
高 14.6 厘米　王世襄旧藏

明代　双螭纹透雕香筒（透雕法）
高 15.8 厘米　王世襄旧藏

明代　张希黄山水楼阁笔筒（留青法）
高 12.3 厘米　故宫博物院藏

明代　朱三松竹根雕老僧
高 17.8 厘米　王世襄旧藏

明代　朱小松制赤壁夜游笔筒（浮雕透雕结合）
高 15.5 厘米　王世襄旧藏

竹刻工艺也有流派，朱氏祖孙是嘉定派。明朝到清初，竹刻的主要高手云集在今天的江苏吴门地区。此外还有金陵派的濮澄（字仲谦），位于南京，他的雕刻通常较浅，偶尔有深雕。17~18 世纪，即明朝末年到清朝乾隆年间，竹雕艺术发展到了鼎盛时期，其间名家辈出，也有很多无名的竹刻高手。

古玩门诊

古玩一

五代　青釉瓜棱壶

这是一个瓜棱酒壶，这种壶在晚唐至北宋初年比较流行。它是青釉的，青釉一般流行于长江以南。这个壶有短流，也就是壶嘴比较小，这是晚唐到五代壶的一个标准，同时提梁的位置偏上，依然是受早期壶的影响。在后期，这种单把手的执壶，壶把制作得越来越偏下，造型的变化与使用方式有很大的关系。

这个酒壶呈土黄色，在南方青瓷当中，这种颜色不算很好，不够鲜亮。从工艺角度来讲，它的底部是垫烧的，受越窑系影响，其生产范围大致在福建、广东一带的山区，也就是历史上经济欠发达的地区。

它的盖子还保留着，盖子上面有一个钮，是瓜蒂式的，很有宋代的味道，因此理论上判断它的年代在唐宋之间，也就是五代时期。

古玩二

民国初年　描花卉梳妆台

这是一个带镜子的梳妆台。这种梳妆台在清末到民国年间很流行，通常有钱人家都有。它是折叠式的，收起来很容易，有一个合页，换一个角度使用也方便。内部有漂亮的朱红漆，颜色非常纯正，里面有两个抽屉，也很讲究地涂了朱红漆。抽屉里还有一个小屉，作为暗屉，可以藏放细软。抽屉背面是一种类似楠木的木头，有清香的味道，木质很好。

这个梳妆台应该是民国初年的制品，用漆描绘了很多图案，但因为年代太久，已经磨得看不清。从髹漆的角度讲，是先做了一层棕色的底子，然后再绘画花鸟图案，当年使用了非常漂亮的色彩。侧面的图案保存得比正面好一些，可以看到花是红色的，叶子是绿色的，最后进行了描金，而且使用的是真金，只是为了节省成本而画得很薄。盖子上的图案因为年代久远已经模糊不清，而内部的图案还很清楚，可以看到当时的原始状态，有红花金叶子。

这个梳妆台距今有100年了，在过去是很常见的，当时通常是作为女子出嫁的陪嫁，很多人家当作传家宝流传下来，很有纪念意义。

古玩三

清康熙　青花寿字棒槌瓶

这是一个棒槌瓶，它的折肩比较直，是一种硬棒槌瓶，一般呈筒状，在康熙年间最为流行。它的图案是“寿”字，有800多个，每个字的写法都不同。

在康熙民窑当中，如在人头罐、香炉、棒槌瓶等造型的瓷器上，写寿字的作品很多，可见当时用瓷器作为祝寿的礼物已经形成一种风尚。到了康熙五十一年的时候，也就是康熙60大寿的时候，宫廷特别为皇帝烧造了万寿大瓶，尺寸特别大，看起来非常壮观，现存故宫博物院和南京博物院，上写一万个不同的寿字。

这件就是康熙本年的瓷器，它的圈足、缩釉都呈现出康熙时期的特点。只是在康熙时期，这种“寿”字棒槌瓶不太常见。

琢木生花话木器

木器包括家具，但是文玩杂项中的木器是指小件的木制品，一般是案头陈设、能够把玩的。明清时期的木器小件做得非常多，当时的家具业很发达，会将一些边角余料重新利用。如果没有明清家具业的支持，明末到清初的木器小件就不会那么丰富。

这是一个紫檀木托盘，是用下脚料做的，在底板上由两块小木料加一个斜茬共三块木头拼成了一个木托盘，可见当时对材料的珍惜。

它是一件宫廷器物，背后清晰地写着“漱芳斋藏乙”，是乾隆时期造办处的一件普通产品，使用的是宫廷制作家具时剩的下脚料，可见在古代，即使是皇宫也很节俭。

清代的宫廷档案中，记载了皇帝对剩余材料的很多批示，比如雍正年间一块玻璃被打碎了，雍正特批，将打碎的玻璃全部入库。当时平板玻璃刚刚进入中国，一块半米见方的玻璃相当于两间房子的价钱，十分珍贵。所以玻璃打碎了以后，皇上特批玻璃入库，然后物尽其用，小块

清乾隆　紫檀刻菱纹海棠花形洗
宽 13.2 厘米　观复博物馆藏

的要留做玻璃眼。玻璃眼就是窗户眼，古代的窗户都有格子，糊着窗纸，看不见外面，如果加一个玻璃眼就能看到了。

这是乾隆年间一个普通的漱芳斋托盘，可能就是随便放杂物使的。它的内壁和外壁都有雕工，通常情况下，内壁是不雕刻的，可见制作十分讲究。它的外观呈海棠型，有些随形，随着曲线走，经历了200多年，依旧能看出它的精致。

这是一个鸡翅木做的帽架，收藏在故宫博物院中。古人还会在帽架里面装香，这样可以熏香。这个帽架是独挺的，中间有一根挺，完全是按照古代的工艺去做的，非常精细，表面雕刻了隆起的细线，看起来简单，制作时却很麻烦，在雕刻后要进行打磨，打磨时凸起很容易被磨平，因此打磨时非常麻烦。古代的磨法与现代不同，当时没有砂纸，要使用

清代　鸡翅木镂雕云蝠帽架
高29.3厘米　故宫博物院藏

锉草。用手抓一把草，系在一起，草一沾水就硬了，然后进行打磨，既耗时又费力，也就是常说的“三分做，七分磨”。能磨东西的人都很有耐性，这是脾气急躁的人无法从事的工作。在古代，工匠师父领徒弟进门的第一件事就是打磨，直到最后将徒弟的火气磨掉、有耐心了才可以，这也是一种性格的磨炼，是生活中通用的道理。每个人都有自己的秉性，有人沉稳一点儿，有人急躁一点儿，但在工作中是不能急躁的。

木器小件作为文房用具，是日常生活的一些补充，它们让器物与人更为亲近，可以直接摆弄，而家具是无法摆弄的。此外，很多人没有实力置办大型的紫檀、黄花梨家具，就买一些紫檀小件把玩，也会非常满足。即使是在现代，紫檀、黄花梨的手串也非常流行，这是因为人们想与木头近距离接触，想亲近木头。在古代，只有皇帝才有能力亲近各种器物，但他们也很节俭，更何况普通百姓。所以一些木制的小器物在明清两朝就非常流行，是作为生活中的补充。小件木器还可以物尽其用，用边角料组合一件器物，也体现了中国古人节俭的观念。

这种小件木器在古代有很多，反映了当时人民的富足和生活中的观念，这种观念一直影响到今天。而这些小件，也反映了不同朝代人们的生活方式和审美情趣。

1.乔木和灌木的主要区别是什么？

马未都评：乔木与灌木的区别，在于是否有主干。松树、杉树、银杏都是乔木，乔木都有一根主干和许多分枝，不会从根部分叉。而灌木从根上就开始分枝，一丛一丛地生长，常见的有迎春花等。在城市的绿化中，一般灌木都作为近景观赏。

乔木的“乔”字，有特别的含义。生活中常说的一句吉祥话叫“乔迁之喜”，《诗经·小雅·伐木》说“伐木丁丁，鸟鸣嘤嘤，出自幽谷，迁于乔木”，这是“乔迁”的最早出处。“乔”有高大的意思，乔木是形容树木高大，“乔迁”是人往上走，寓意非常吉利，因此搬迁时称为乔迁，有祝福搬家者人往高处走的含义。

《说文解字》中说：“乔，高而曲也。从夭，从高省。诗

乔木类：松树、杉树、杨树

灌木类：紫荆、迎春

曰，‘南方有乔木。’”高大而曲谓之乔，也有高大、弯曲的意思，这是引申后的另一重含义。在宋元时期，骂人的时候会说对方是一个“乔材”，这个词在《金瓶梅》中就出现过，其意义类似于现代网络语言中所说的“二货”。因此“乔装”也是一个贬义词，说别人在作伪。

雕刻用材通常使用乔木，比如黄花梨、紫檀、鸡翅木、红木等。

2. 有关“黄杨”的最早记载出现在什么年代？

马未都评：在明清时期的小件木器中，有一种材料叫黄杨。黄杨木非常特殊，特别适合小件雕刻。最早有关黄杨的记载出现在唐人段成式的名著《酉阳杂俎》中。段成式是中国笔记小说的鼻祖，鲁迅先生在《中国小说史略》中对《酉阳杂俎》的内容也大加赞赏。

段成式说：“世重黄杨木以其无火也。用水试之，沉则无火。凡取此木，必以阴晦夜无一星，伐之则不裂。”“无火”是指它不容易燃烧，一般硬木头都不易燃烧。“用水试之，沉则无火”，将黄杨木丢在水里就沉底，不容易点燃。“凡取此木，必以阴晦夜无一星，伐之则不裂”，这个多少有点儿志怪味道，必须在晚上趁着黑夜去砍伐，黄杨木就不会裂了，而白天砍它就容易裂。虽然这种说法比较虚玄，但也有一定的道理。如果在烈日下砍伐黄杨木，木头在暴晒后会很容易开裂，而在阴天的夜晚砍伐，空气比较温和，慢慢阴干，不易开裂。黄杨木性很大，容易开裂。

明晚期　黄花梨百宝嵌石榴绶带纹盒
长 27.4 厘米　故宫博物院藏

明代　黄花梨雕螭龙福寿笔筒
高 23.3 厘米

清中期　紫檀雕锦地花卉倭角盒

清中期　紫檀书卷式文具长方盒
长 16.9 厘米

下页左上是黄杨木雕的仕女，躺在罗汉床上，姿态优美，但床比较小，无法伸展平躺。右上是一个黄杨木三螭海棠式盒，是典型的清代宫廷作品，做工手感非常细腻。左下是黄杨梅竹笔筒，中间有一小枝梅，主要表现竹节，雕刻得非常精美，是用一整块黄杨木雕刻出来的。右下是黄杨木雕的子母牛，作为案头的摆件。

黄杨木很少有大材料，因此通常不用来制作家具，而用于雕刻小件工艺品。因为它的材料限制，在家具中一般都作为卡子花。比如在紫檀的大桌子上，中间的卡子花雕黄杨，会非常漂亮，在深紫色近乎黑色的大案子中间，有几个暖黄色的花朵，看上去会很美丽。由于黄杨木经常被做成手把件，在手中长年把玩，木质就会很润。

清代　黄杨木侍女
通高 6.1 厘米　故宫博物院藏

清代　黄杨三螭海棠式盒
高 9.5 厘米　故宫博物院藏

清代　黄杨梅竹笔筒
高 15 厘米　故宫博物院藏

清代　黄杨子母牛
通高 8 厘米　故宫博物院藏

3. 什么是独挺座？

马未都评：我们先来看三道谕旨：

雍正六年：

"……初七日郎中海望持出菜玉莲花荷叶洗一件，马齐进。奉旨：着配紫檀独挺座。钦此……"

雍正七年：

"……七月廿五日太监刘希文传旨：白玉羽觞配紫檀木独挺座。……"

雍正十一年：

"……三月廿六日司库常保传传旨：做紫檀木书桌一张，其腿内安进簧独挺帽架一件。……"

这些全部是养心殿造办处的现存史料，清清楚楚地记载着时间和事件。独挺座是用一根柱支撑起来的底座。

清代　镶双色竹丝贴黄冠架
高 30.5 厘米　故宫博物院藏

清代　象牙雕冠架
高 27.5 厘米　故宫博物院藏

第一道谕旨中提到为一个荷叶洗制作独挺座。荷叶洗就是荷叶状的扁平玉器，如果制作普通的底座就不太美观，做成独挺座，将荷叶洗举起来放置，就会很漂亮。

第二道谕旨说的是白玉羽觞。羽觞是两个耳的杯，形制是又浅又薄的，如果做一个普通的座，放得太低会显得不精神，所以一定要做一个独挺座，将它支起来。

第三个道谕旨中提到的是独挺帽架，在腿里带机簧，这种器物现在在日常生活中基本都看不到了，很容易损坏。

康熙年间，有大量的传教士和外国人带来很多西方的器物，比如弹簧帽架，是在桌腿的位置安装一个机簧，按动后就会支起来，帽子可以放在上面。在清代官阶中，顶戴花翎很重要，帽子需要有放置处，从帽子上就可以辨别官位大小。有钱人会将帽子放在帽架上，出门时再戴上，在当时，帽子是身份的重要象征。

在雍正、乾隆时期，独挺的器物做得很多，独挺帽架、酒杯座，都属于独挺座。独挺帽架使帽子变得非常显眼。瓷器中也有独挺帽架，非

清乾隆　粉彩镂空云龙转心帽架
高 32.6 厘米　台北“故宫博物院”藏

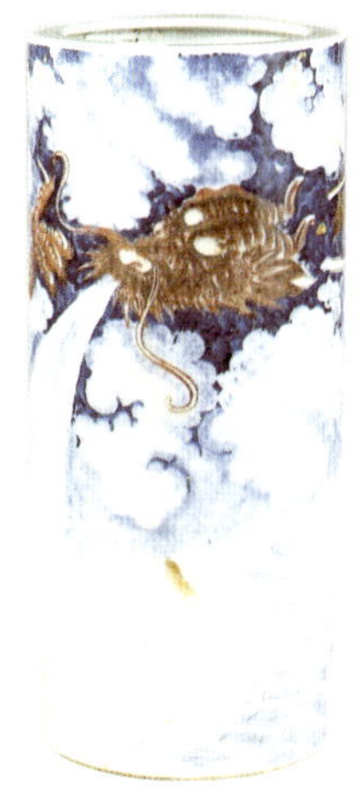

清嘉庆　青花釉里红鱼化龙纹帽筒

清嘉庆　粉彩万花地开光帽筒

常漂亮，到了清代中后期，就形成了帽筒。与有曲线的独挺帽架相比，帽筒不太美观，缺少韵味。

清代宫廷里的器物都是由造办处制作的，造办处等同于宫廷自用工厂，负责宫廷需要的一切器物的制造和修复。比如为画装裱、给瓷器制作底座等，都是造办处的工作。留存到今天的很多清代艺术品都十分精美，这是由于清代皇帝的重视，直接过问造办处。皇上传谕旨以后，由下面人专司其职去办，用心用力，因此做出的器物也很精致，体现了古代工匠的智慧。

古玩门诊

古玩一

清雍正　青花海碗

这是一个青花海碗，虽然底款写着“大明宣德年制”，但从花色上可以判断，这是清代仿制的。这种大碗是吃饭的标准碗，从绘画的角度上讲，画得很漂亮，用一枝萱草花卉绕碗画了一圈，这是明朝流行的画法。它底部的明朝款是一种寄托款。清朝与明朝之间有民族冲突，清朝是满族统治，而明朝是汉人统治，清兵入关时与汉文化起了强烈的冲突。清朝入关后经过100多年，才逐渐把这个矛盾解决了，慢慢开始民族融合。因此在清朝的很多瓷器中，为了向汉文化示好，就会写明朝的款，它的纹饰也是明朝成化时期流行的图案。

这个碗的年份应该是雍正年间，也具有康熙的特征，但其苏麻离青的色泽与明代永宣时期的风格相距甚远。它的画工很认真，但其制作工艺并不像官窑要求得那么严格，当时这种商品还是有一定数量的。它的底足很深，比较容易端拿，放在手里非常稳。

这是雍正年间民窑中比较精精致的海碗，作为收藏品，很受人们的喜爱。

古玩二

明中期　青花花卉围棋罐

这是一个矮罐，在明代中后期比较流行。明朝中叶有很多罐偏矮，矮型罐比较多。明末有很多围棋罐属于矮罐，形制都很浅。它的上面绕罐画了一枝花卉，由此可以判断，这个罐比成化年间略晚一些，应该是弘治时期的作品，这从它的青花发色、器型和底部可以判断出来。

它的底部比较粗糙，有很多明显的麻点，这是成化年间非常流行的底，叫糊米底，糊米底并不是专门制作的，而是烧制的时候底部弄糊了。这件矮罐的底部比糊米底略强，但与嘉万时期的粗底比较，它又很细腻，非常难得，美中不足的就是有一块破损。它距今已有500多年了。

古玩三

清光绪　花篮式吊灯

这是一对吊灯，内部有两个襻，上面有孔，表明当时它是有把手的，可能是铜把手。它呈花篮状，是为了装饰，用来美化生活，在表面做了很多镂空。镂空技术从明末开始出现，在清朝雍乾时期比较风行，乾隆外销瓷中就有大量的镂空。这种镂空一开始是不容易做的，后来景德镇的制瓷技术提高了，镂空就流行起来。到了清代晚期，有一种吃饭用的碗，表面做成米粒状的透光层，这种工艺叫玲珑。当年中国人将玲珑碗送到巴拿马国际博览会上，还获过奖。

这对吊灯是光绪时期的制品，做了花篮装饰，但它不是照明用的。它的内部原有一根蜡烛，因此会有金属把手，如果是提绳，会很容易烧毁。内部的蜡烛是装饰用的，因为吊灯表面全是花格，并不明亮，只是一种朦胧的情调。镂空的东西很容易变形，尤其是棱形的。在清朝前期，比如乾隆时期，这种器物都是零星制作的，因为当时这种工艺很难，如果能够烧制出来，就是一件功劳。而到了清晚期开始批量生产，尽管装饰风格有所改变，但在当时还是非常重要的商品，器型漂亮新颖。

以齿焚身叹牙器

象牙是一种很珍稀的材料，质地非常紧密，富有光泽。自古以来，象牙制品一直都是身份和地位的象征，很多藏友也争相收藏象牙制品。如今在我国，象牙制品的技艺已经非常高超了。

一般的牙雕工艺品指的就是象牙，古代的牙雕艺术品专指大象牙。此外，猛犸象牙做成的牙雕工艺品也很多。猛犸象早在几万年前就已经灭绝了，但猛犸象牙却不会腐烂。在西伯利亚的冻土地带出土了大量猛犸象牙，因此在中国各地的古玩城里，可以看到很多新型的猛犸象牙的牙雕，一般比象牙大很多，材料的表皮都有风化，但里面质地很好。

在古代的牙雕艺术品中，还有一类很容易被现代人忽略的牙雕艺术品，就是海象的象牙，称为虬角，一般都制成小件，并不构成牙雕艺术品的主流。

象牙是非常珍稀的，猛犸象牙在交易当中所受的限制比象牙略少一点。大象受国际公约的保护，现在是禁止猎杀的陆生动物，属于濒危级的。

猛犸象

西伯利亚人撬取猛犸象牙

清早期　紫檀嵌白玉虬角翔鹤纹四方盒反正面
长 34.3 厘米

清代　虬角天珠手串

清代　绿色海象牙串链

大象在中国古代艺术品中有很多表现方式。到了清代，有一个词很流行，叫“太平有象”，是天下太平、气象万千之意。康乾盛世的时候，统治者对“太平有象”这个词非常感兴趣，用它来寓意太平盛世，所以相关艺术品大量出现，有绘画、玉器、瓷器以及各种竹木牙角的雕刻品。将瓷器做成雕刻的样子，本身并不多见，因为瓷器做成这种形制是比较麻烦的，需要在素胎上大量地雕刻，在烧造的时候也非常容易变形。

下页这件瓷器是一个陈设品，代表了那个时代的社会风貌。大象的颜色非常华丽，装饰繁多，可以想象，如果这是一头真实的大象，披着很多织物，身上还挂着铃铛，在大街上走来走去，一定很引人注目。

理论上讲，这种东西一般是成对的，左右各摆一个，它上面的人物是可以分开的，在烧造的时候也是分别烧制的。

在泰国、印度，驯象师很多是直接坐在大象背上的，上面只有一块

清乾隆　五彩太平有象摆件
高 42 厘米　观复博物馆藏

毯子。此外，印度人喜欢把装饰品像围栏一样绑在大象身上。人类在驯象的过程中，发展出了很多装饰品，比如象背上面的这种方盘，体现了乾隆时期的吉祥之气，是很华丽的物件，真正体现出了康乾盛世时期的文化。

这是一个清乾隆年间的刘海戏金蟾图象牙雕刻摆件，工艺非常典型，象牙的质感也很好，背面有笑（裂纹）。象牙制品放在房间中陈设时，往往背面朝窗口，在光线的照射下就会出现笑纹。

清晚期　粉彩太平有象摆件
长 16.5 厘米
英国维多利亚和阿尔伯特博物馆藏

清代　青玉象
长 14 厘米　观复博物馆藏

它塑造的人物的脸开得非常好，是典型的乾隆时期风格。瓷器上画的人物也是这样，象牙雕刻也是同样的。刘海抱着一个三条腿的蛤蟆，也就是人们常说的金蟾，寓意吉祥。

这是300年前的象牙雕刻艺术品，反映了当时工匠的雕刻能力，以及他们理解生活的态度。古代人与现代人的观念不同，他们并不知道动植物是会灭绝的，也不知道这些动植物需要人类去保护，因此象牙成了达官贵人、宫廷王族炫耀财富的标志。

在中国文化中，象牙一直占有很高的地位，直至今天还有很多人喜欢象牙雕刻和收藏。但是中国加入了《濒危野生动植物种国际贸易公约》以后，中国人就应该有所觉悟，在今天这个全世界高速发展的时代，应该与其他的物种和平共处，共生共荣。

清乾隆　象牙雕刘海像

1. 母象有象牙吗？

马未都评：这里所说的象牙是指长长的象牙，而非口内的牙。

象主要有两个品种，非洲象和亚洲象，因此母象是否有象牙，是分地域的。通常亚洲公象长象牙，母象不长象牙，而非洲母象是有牙的。

非洲象和亚洲象之间也有一些性格上的差异，非洲象脾气比较暴躁，发怒时会发出尖叫声，冲撞人和其他动物，天下唯它独尊。亚洲象相对来说脾气比较温和，人类能驯服的象一定是亚洲象，非洲象是很难被驯服的。

一般来说，亚洲象的象牙比较细腻，古代的牙雕艺术品使用的都是亚洲象牙。汉代王符的《潜夫论》中说“象以齿焚身，蚌以珠剖体”，也就是说大象因为牙齿导致杀身之祸，

非洲象图

亚洲象图

而河蚌因藏有珍珠而引来杀身之祸，被剖开了贝壳。早在春秋时期的《左传》中就有“象有齿以焚其身，贿也”的记载，意思是，大象因为牙齿导致了杀身之祸，变成了商品。两千多年前的古人就已经有了如此深刻的认识，现在人更是意识到了物种灭绝的危险，于是在 1973 年，世界上很多国家在美国华盛顿签署了《濒危野生动植物种国际贸易公约》。

中国于 1981 年加入这个公约，距今已有 30 多年了。中国政府和国际组织不断努力，希望给大象留下一线生机。人类因为喜爱象牙制品，才导致大象的数量骤减，使它成为濒危物种。如果一个物种在地球上消失，人类将无能为力，因此每个人都应该有意识地保护大象，不购买象牙以及新的非法艺术品，也希望屠杀者留给大象一线生机，让后代子孙能欣赏到这么美好的事物。

2. 象的寿命有多久？

马未都评：**大象一般来说能活 60 岁，这是理论寿命，也就是平均值。大象是除人类以外寿命最长的哺乳动物，它与人类的寿命不相上下。**

但大象与人类不同，它一生几乎都在成长，成长期特别长。人类一般成长期就在 20 岁之前，然后再无法长高了，剩下的时间用来维持生命。大象一般来说能长到 50 岁，因此，从体形差距就能够知道象的大约

大象小象图片

寿命，体形越大，年纪越大，而母象相对于公象生长得略慢，体态稍小。

中国人利用象牙的记录非常早，浙江河姆渡文化就已经出土了象牙制品。《国语 · 楚语》中记载："巴浦之犀，兕，象，其可近乎？"《尔雅 · 释地》中说："南方之美，有梁山之犀牛，象焉。"

左下图是新石器时代最早的象牙制品，颜色已经完全变了，质地却是象牙，上面有穿孔，有简单的纹样，是牙雕的圆形器。右图是商代的嵌松石象牙杯，制作得非常完美，工艺成熟，可以推断出在它被制成很久前，人们就已经开始使用象牙制品了。

新石器时代　象牙雕圆形器
高 2.4 厘米　浙江省博物馆藏

商代　嵌松石象牙杯
高 30.5 厘米　中国国家博物馆藏

清代　象牙镂雕福寿宝相花套球
外径 9.1 厘米　故宫博物院藏

这是清代广州地区的一个象牙球，这一时期是中国人使用象牙的高峰期，球的内部是可以转动的，据说现在有人能做这种球，最高能达到 30 多层，非常精美。元末明初人曹昭誉之为“鬼功球”，形容它的鬼斧神工。那时候没有实物存世，却有这样的记载，说明当时已经有了这种制品。到了清代，广州工匠开始研究如何能让内部的球转动起来。它是用一块整牙雕的，现代不仅是象牙可以做成这种形制，其他质地好的材料也可以制作。

理论上讲，雕刻象牙时应顺势而为，要根据牙纹进行制作，但是因为象牙质地细腻，横向和纵向的质感相同，因此做成球体也不会断裂，如果是木头的，做得太薄就很容易断裂。

一般取象牙，要先将大象杀掉。到目前为止，在非洲，都是直接开枪猎杀大象的。当人类有了火器，有了枪这样的武器的时候，世界就变得不平等了。枪械的发明，从某种角度上看，对世界文明是一种伤害。

3. 形容象牙“笑了”，是什么意思？

马未都评：在古董行里有很多禁忌，也就是避讳，这是一种语言艺术。如果说“这件象牙艺术品很不错，就是笑得太厉害了”，其实是在说，它裂得很厉害。

另外，玉器的裂叫“绺”，瓷器裂了叫“冲”。如果裂口没有到口端，只在器身上，就叫“璺”，也就是“打破砂锅问（璺）到底”的璺。这种回避是一种委婉的说法，比如老象牙都有笑纹，这是它区别于新象牙的一个特征。

象牙再致密，也怕干湿，如果反复如此，象牙就会开裂，因此在保存象牙制品的时候，要注意它的干湿度，切忌在表面涂抹东西，比如漆和树脂，这对象牙不好。也就是说，在制作过程当中，不能往象牙上涂任何东西，包括木头。中国古代保养东西讲究顺其自然，比如古代家具，硬木家具从来不上漆，上漆有悖于家具的本质，因此会打蜡。蜡是可以逆转的，如果想去掉，直接浇水即可，而漆是不可以逆转的。打蜡对家具本身就是一层保护，它是对木制家具最好的保养方式，不会破坏木头的呼吸。

象牙除了用于雕刻，还可以进行编织，制成篮子、象牙席等。利用象牙编席的时候，需要先用特殊的药水泡软，再劈成牙篾，利用象牙经过处理的特性编出象牙席，这是一种国宝级的文物，在故宫博物院有藏品，档案记载也只有四五张。

《清实录·世宗宪皇帝实录》卷一四二中有一个很明确的记载，雍正十二年二月二十七日至四月二十五日，广东巡抚杨文斌和广东海关监督毛克明接连进贡了四张象牙席，这促使雍正下了决心。当天，也就是1734年的5月28日，雍正皇帝颁发了一道谕旨：“谕大学士等：朕于一切棋具，但取朴素适用，不尚华丽工巧，屡降谕旨甚明。”就是说，你们这些人都给我听着，我自己下棋的所有棋具，朴素就行了，不需要你们弄得太花哨，这件事已经说过很多次了，说得很明白。

谕旨中又说：“从前广东曾进贡象牙席，朕甚不取，以为不过偶然之进献，未降谕旨切戒，今则献者日多，大非朕意。”也就是说，广东这些

清乾隆　象牙雕花卉纹小瓶
高 11.5 厘米　保利艺术博物馆藏

清中期　象牙丝编制席
长 216 厘米　故宫博物院藏

明代　象牙雕关帝坐像
高 13 厘米　保利艺术博物馆藏

巡抚们天天进贡象牙席，我一开始就不喜欢，以为这不过是个偶然的事，就没有下令禁止，没想到如今进献者越来越多，绝对不是我的意思。

“夫以象牙编织为器，或如团扇之类，其体尚小，今制为坐席，则取材甚多，倍费人工，开奢靡之端矣。”象牙编织的东西，通常是小件，比如做个小团扇，编个小筐，这都可以，但做成很大一张席子，用的材料就太多了，人工成本也很高，是奢靡之风的开端，这个风气很不好。

于是，雍正“着传谕广东督抚，若广东工匠为此，则禁其毋得再制”，如果是广东工匠制作的，就告诉他们不要再做了，如果是从海外买来的，“从此摒弃勿买，则造作之风，自然止息矣”。只要我们不买了，这种矫揉造作的奢靡之风就会止息了。

皇帝有很大的权力，还有保护动物、反对奢靡之风的心态，那时候没有国际公约，整个社会并没有保护濒危物种等这些概念，雍正只是凭着一个皇帝的直觉，告诉人们这么做是不对的，而今天的我们又有什么理由不去保护野生动物呢?

喜欢象牙制品的除了中国人，还有欧洲人。在德国德累斯顿的绿穹珍宝馆有大量的象牙制品，全是欧洲人制造的。因此，今天才将象牙列入国际动物保护公约中，保护旧品，禁发新品。

古玩门诊

古玩一

清代　八骏玉扳指

这是一个扳指，形制比较小，通常戴在大拇指上，是弯弓射箭时用来保护手指的。古人射箭时，弓拉开以后，箭的翎羽在高速运行的时候会伤到手，因此要有一个扳指来护手。扳指基本上都是清代的，清人善骑射。

扳指后来成为手上的装饰品，做得越来越奢华，使用的材质也很多，有玉的、金属的、瓷器的，还有象牙的和虬角的。扳指通常以素面居多，因为要使用，没必要在上面做过多工艺。这个扳指上面有浅浮雕，是八骏图，“八”在中国文化中是吉利数字，也应用在其他方面，比如八仙、八吉祥。

这是一个清代的玉扳指，玉质不算很白，刻工不错，浅浮雕顺势而为，玉本身有清晰的绺裂，并不是一个太高级的艺术品。它带有实用功能，加入了一些人文气息，会给生活平添一些乐趣。画面主题是马，马是游牧民族最喜爱的动物，依赖它生存，清人很喜欢马，他们在马背上得天下，因此扳指在清代也有政治含义，让统治者不忘习武，保住江山。但不幸的是，到了清末，扳指就沦落为一般贵族手中的玩物，失去了最初的含义。

古玩二

清乾隆　白玉鼻烟壶

这是一个白玉鼻烟壶，质地很好，玉质很白，壶口处有一个小弧度，向内凹进去，这是为了密封，使盖子严丝合缝，类似于北京盖四合院的时候，要磨砖对缝。古代没有砂浆来黏合砖瓦，砖与砖都贴在一起，因此每块砖经过磨制后，对着缝砌墙，这样才会严丝合缝。磨砖的时候不能磨平，而是磨出一个斜坡，中间加灰，使砖与砖之间形成一条细线的效果，密封效果很好，这与鼻烟壶的道理是一样的。鼻烟壶做成这种口，是乾隆时期用硬质材料做鼻烟壶的一个常见工艺，硬质材料指的是玉、玛瑙、翡翠等，在壶口一定微微内凹，是为了密封。

与鼻烟壶配套使用的是鼻烟碟，将鼻烟倒出来一点儿，用手调一调，再用手指往鼻子里一抹，使劲吸一口气，就是吸鼻烟。比较好的鼻烟里，经常有提神醒脑的药材，比如薄荷、麝香，吸入后七窍就通了，人就精神了，因此古代的鼻烟里，很多都是带药性的。

与香烟相比，鼻烟里面不仅仅有烟叶，还有大量的其他药物。而且鼻烟并不直接点燃，因此不会如香烟那样出现致癌物质。不过吸食鼻烟很不雅观，鼻烟是有颜色的，会让鼻孔变黑，人又会打喷嚏，因此慢慢就被香烟取代了。

这个鼻烟壶的做工和质地都不错，是清代乾隆时期的，它的铺首耳做得很好，神完气足。玉质也很好，很白、很温润，可以算是羊脂玉。这个壶的保存状况也非常好，壶口没有损坏。

古玩三

这是一个四瓣形的碗，有一点儿倭角，从碗形上讲很特殊，十分漂亮。在四个截断面上画了中国的四大美女。一面是浣纱的西施，一面是抱着琵琶的王昭君，她的身后还有两个雉鸡翎，一面是貂蝉，一面是杨贵妃；碗内画了福禄寿，底部写着“道光年制”。

这种花口碗在嘉庆、道光年间比较流行，它的主要功能并不是实用，因为器型不方便使用。碗的表面画得十分精致，在人物身上还有描

清晚期　粉彩四美碗

金，有很细的纹饰。这种奢侈的碗通常是大户人家的摆设，是一种比较含蓄的炫富方式。

在古代，四大美女是比较常见的题材，它的画工很不错，并且在表达上很有内涵，并没有孤零零地画四个人，比如在杨贵妃身后画了一个侍女，不太显著，用以衬托主人的地位，在服装上主仆两人也形成对比，关系很明确，使画面变得生动起来，这是一种很高超的艺术表达。艺术表达通常体现在细腻的地方，这只碗在这方面做了很好的诠释。

心有灵犀一点通

中国人自古以来就非常喜欢收藏一些稀有而珍贵的古董珍玩，这刚好应了一句俗语——“物以稀为贵”。竹木牙角器中的“角”一般情况下是指犀角，有时也指鹿、牛、羚羊等动物的角，比如故宫博物院有鹿角椅，牛角、羚羊角也可能做成艺术品。

清早期　鹿角椅
高 131 厘米　故宫博物院藏

清乾隆　牛角山水人物纹挂屏
长 99 厘米　观复博物馆藏

清代　羚羊角雕佛像

清代　铜鎏金饰兽角烟壶（对）
高 10.5 厘米　观复博物馆藏

这两件是清代的角质蒙镶鼻烟壶，它们的体量特别大，工艺上使用的是蒙镶，也就是蒙古人的镶嵌工艺，在牛角上镶嵌有金属构件，交织的纹理很清晰。

这是一种蒙古人用的鼻烟壶，因此形制较大，里面有烟池。蒙古人无论是吸食鼻烟、饮酒还是吃饭，量都很大。此外，蒙古是游牧民族，一般出行时间较长，所以蒙镶的烟壶在所有鼻烟壶里往往体量偏大，甚至有小酒壶大小。这种蒙镶鼻烟壶反映了蒙古人的民族习性，及蒙古游牧民族的特点。

鼻烟壶上使用金属镶边，是为了将两块牛角嵌合在一起，十分讲究。上面雕刻有瓜瓞绵绵图案，一个盖子刻有镂空的“卍”字，另一个盖子刻有“十”字，两个铺首也不相同，工艺很精细。

这是一个犀角雕螭龙纹奈何杯，如果用它来盛酒的话，酒水会洒出来。这个奈何杯大约是清初的，内部趴着一个螭虎，为了物尽其用，工匠不舍得掏太深。他们利用在生活中发现的美来创造出这种文化，这是中华民族独有的文化。

大象和犀牛已是濒危动物，保护这些濒危的动物是全世界的责任，更是中华民族的责任，是每一个人的责任，这就应了动物保护组织的一句公益广告语：“没有买卖，就没有杀害。”

清代　犀角雕螭龙纹奈何杯
高 17.6 厘米　观复博物馆藏

1. 非洲犀牛有一长一短两只角，请问哪个长在前面？

马未都评：非洲犀牛的角一般是长角长在前，而亚洲犀只长一只角，在古代通常叫“独角兽”。

非洲黑犀牛图

非洲犀分为黑犀和白犀，前角最长，黑犀的角可以长达 1.4 米，白犀可长达 1.3 米，后角也有 40 厘米。犀牛是体形仅次于大象的陆生动物。亚洲犀分为苏门答腊犀、爪哇犀和印度犀，而小爪哇犀已经灭绝了。

2. 犀牛的角掉了还会再长出来吗？

马未都评：犀牛角作为中国古代工艺品制作的贵重材料，数量远比象牙少，因为犀牛本身数量比大象少，并且犀牛通常是独角，即便非洲犀牛有前后两个角，也是一大一小，而亚洲犀牛往往只有一个角。

犀牛角如果是正常地切割下去，还会再长出来，但如果是连根切断，那就不会再生长了。犀牛在全世界的存世量远远低于其他动物，所以保护犀牛迫在眉睫。

中国早期的犀牛角艺术品没有实物传世，只在文献中可以看到一些记载，比如在《山海经 · 海内南经》中有记载："兕在舜葬东，湘水南。其状如牛，苍黑，一角。""兕"是指母犀牛。舜葬是今天的湖南永州，湘水是湘江，在湖南境内。通过这个记载，可见犀牛曾经在中国腹地生活过。

《山海经》中记载了 400 多种海内的神怪奇兽，关于犀牛就有多处记载。除了刚才说到的"兕"，还有一种名曰"灵犀"的奇兽。《山海经》

战国　错金银云纹犀尊
长 58.1 厘米　中国国家博物馆藏

中记载，灵犀有三只角，其中顶上叫通天犀的角，剖开可以看见里面有一条白线似的纹理贯通角的首尾，这就是“灵犀”的由来。灵犀能感应灵异，因此便有了心有灵犀的说法，意指心灵的默契相通与情感的共鸣。“身无彩凤双飞翼，心有灵犀一点通”，便是情感上追求的最高境界。

3. 下面哪个是所谓的“奈何杯“?

马未都评：这三个杯都是犀角杯。两个杯子是正向放置的，有一个则是倒置的。

这个倒置的杯子，因为器型缘故，无法正放，多少有点儿无可奈何的味道，因此叫“奈何杯”。在古代，使用奈何杯斟酒时，因为杯中有酒，无法正置，斟满酒后就必须喝尽，才能将杯子放下，而且必须扣着放。这个杯子使用犀角做材料，取材于很小的小犀角，攥在手里很舒服，用来喝酒，材料一点儿都不浪费。

明代　犀角雕云龙杯
高 21.3 厘米　故宫博物院藏

明末　鲍天成款犀角雕螭纹执壶
通高 13 厘米　故宫博物院藏

明代　犀角雕仙人乘槎
高 9.7 厘米　上海博物馆藏

清代　犀角雕仙人乘槎
高 11.1 厘米　故宫博物院藏

明代非常流行奈何杯，在古典文献中也有记载。《诗经》中有这样一句话："称彼兕觥，万寿无疆。"很早的时候人们就发现，犀牛角是有药用价值的，尤其与酒相溶，人喝了以后会健身，因此称为万寿无疆。

世界动物保护组织做过调查，目前在非洲被猎杀的两种主要动物是大象和犀牛，目的是为了取象牙和犀角。它们的流向也很清晰，象牙大量流往中国，犀角则流往了越南。越南十分流行喝犀角水，即把小犀牛角磨成粉后泡水喝。从中医药理上看，犀角是大寒的，味道很腥。越南人认为喝犀角水可以延年益寿，这虽然只是一种误传，却因为经年累月地大量使用，形成了巨大的走私贸易市场，因此近几年国际上严厉打击越南犀角走私。

古玩门诊

古玩一

清道光　吉祥双清盘

这是一个双清小盘，画工非常精致。“双清”是梅花和竹子，如果加上松树，就是“岁寒三友”。盘子背面三足鼎立地画了三只蝙蝠，用楷书写了“大清道光年制”的底款。

康熙时期流行写楷书款，雍正时期楷篆并行，乾隆时期则以篆为主，此后嘉庆、道光也以篆为主，楷书的款识只是偶尔出现。咸丰以后楷书又开始增加，同治、光绪时期又以楷书为主，这是中国清代官窑款识的书写规律。这个盘子在底款上使用楷书的“大清道光年制”，这种情况并不多见，但也存在。

盘子上的吉祥图案在宫廷图案中也不多见，它是一种非常民间的图案。古代宫廷和民间之间在风格上是有界线的，官窑的制式一般非常严谨。清代画蝙蝠最好的时候是雍正时期，所绘蝙蝠的力度非常大，乾隆沿袭雍正之风，但道光时期就不比从前。这件盘子上的蝙蝠就很软弱，缺乏力度。

这个盘子的画面很精美，所画的红色梅花富有层次，竹叶也有两种绿色，有新叶和老叶之分，梅干画得有过渡。从绘画角度看，这个盘子是道光年间的，还有花口，但却不是官窑，而是民窑中非常精致的作品。

清顺治　西厢记莲子罐

这是一个莲子罐，盖子特别容易被失手打破，不容易保持完整。莲子罐最流行的时期是明末清初，300 多年间，盖子很容易损坏。

这种类似将军罐的莲子罐，已经有了将军罐的雏形，它分量适度，略微有点儿沉，这是清初的特征。莲子罐绘的是当时的典型画片，明末的小说内容在当时的瓷器上都出现过，有《西厢记》、《金瓶梅》等，因此这一时期在瓷器上画故事情节的偏多。从它的画法上看，整体画得都比较满，这也是当时的特征。在人物后面绘有洞石芭蕉，这是顺治时期的标准画片。

这件莲子罐曾经修补过，当年有一个浅浅的冲口，修补的锔子很小，但是很有艺术感。在古代，修补瓷器全凭手感，先在瓷器上钻孔，再将锔子镶入孔中，瓷器就不会再裂，这说明莲子罐当时的主人还是很看重它的，损坏之后进行了修补。它是顺治年间的，最迟也是康熙早期的，距今有 300 多年了。

主题歌《醉文明》

作词：马未都　作曲：张亚东　演唱：纪敏佳

（第一节）
琵琶半抱，心曲一首
玉碗斟满葡萄酒
雾里看花，欲说还休
千呼万唤总是愁
山重水复，柳暗花明
疑惑重重何时休
几千年文化层层积累
为什么我却总也看不透？

（第二节）
商鼎周彝，和璧随珠
战国错金玉带钩
秦俑汉陶，晋帖唐画
宋瓷缂丝漆器秀
竹木牙角，花梨紫檀
天工开物件件优
灿烂的艺术古今享受
凭借我巧匠良工来铸就

（第三节）
禹夏殷商，西周春秋
战国七雄秦朝收
西汉东汉，三国两晋
南朝江水北朝丘
隋唐五代，辽宋金元
明朝冬夏清朝秋
这样的历史谁能拥有
唯有我中华民族万古流

（副歌）
置一桌坐一椅摆一花瓶，如对美人
挂一画佩一玉吟一情诗，尽得风流

图书在版编目（CIP）数据

醉文明：收藏马未都. 7 / 马未都著. -- 2 版.—北京：中信出版社，2017.1（2019.12重印）
ISBN 978-7-5086-6764-5

I. ①醉… II. ①马… III. ①收藏－基本知识 IV. ①G262

中国版本图书馆CIP数据核字（2016）第 235498 号

醉文明：收藏马未都. 7

著　　者：马未都
策划推广：中信出版社
出版发行：中信出版集团股份有限公司
（北京市朝阳区惠新东街甲 4 号富盛大厦 2 座　邮编　100029）
承 印 者：北京盛通印刷股份有限公司

开　　本：880mm × 1230mm　1/32　　印　　张：9.25　　字　　数：153 千字
版　　次：2017 年 1 月第 2 版　　印　　次：2019 年 12月第 3 次印刷
广告经营许可证：京朝工商广字第 8087 号
书　　号：ISBN 978-7-5086-6764-5
定　　价：58.00 元